U0137321

The Science of Self-Discipline

The Willpower, Mental Toughness, and Self-Control to Resist Temptation and Achieve Your Goals

自律，一种可以养成的习惯

Peter Hollins [英] 彼得·霍林斯 著

鲁申昊 译

九州出版社
JIUZHOUPRESS

前　言

曾几何时，风华正茂的我，一度饱受着体重的摧残。

看到这里，你的脑海中可能已经浮现出许多老套的减肥桥段。不过我的故事却不太一样，因为困扰我的不是肥胖，而是瘦弱。我那时瘦得像一根晾衣杆，随便刮点大风都可以把我吹得像纸片一样在空中凌乱。

竹竿、羽毛、人棍、骷髅王、柴火、骨头人……这些都是我曾经获得过的"荣誉称号"。好在这些头衔隔三岔五便会更新一次，所以有效期都不算太长。等到上了大学，我猜想这种被人嘲弄的日子应该到头了，毕竟大家都不再是小孩了，今后要在成人的世界里经营各自的生活。不过实际情况却和我的猜想大相径庭，最奇妙的是，外界对我的嘲讽反倒变本加厉了起来。真没想到我周围的那群家伙明明已经到了 18 到 22 岁的年纪，竟然还是那么以自我为中心。

于是，在大一学年里，我的耳边又开始萦绕着儿时那些熟悉的外号，真可以说是历久弥新。不过幸运的是，大二的时候我更换了宿舍，并在机缘巧合下与一位名叫迈克的退役橄榄球运动员成了室友。迈克走进了我的生活，我告诉他说我受够了被人嘲弄的日子，并且决定开始增重。他听了之后，便将我的这一愿望设为他本人的年度目标，并随即化身为我的私人教练，而我则有幸成为他的第一只小白鼠。

一番研究下来我们发现，我的饭量实在太小了，即使每天三顿饭都狼吞虎咽，那也远远不够。通过对卡路里数值的仔细跟踪和分析，我们得出结论，为了快速且健康地增重，我需要每天额外摄入 1000 单位的卡路里。于是，一个关于我本人如何实现自律的故事就此拉开了帷幕。虽然世界上有许多人都在和自己的体重做斗争，但跟大多数人不同的是，我的斗争方式是强迫自己每天有规律地进餐 5 次。可能有些吃货读者看到这里会还觉得"唉呦，不错哦"，不过对于一个骨瘦如柴却又急于增重的人来说，每天吃五顿饭，其实跟每天只吃一顿饭一样，都是令人无比崩溃的。每天将自己的肚子填满好几次，然后日复一日，这绝对称得上是一种折磨。

如果没有迈克在身边的话，我大概在增重计划开始的第一周就会自暴自弃了。不过幸运的是，我和迈克绝大多数的课程都在一起，他便不停地提醒我吃东西，追问我当天吃了多少，并且还会在我能量摄入不足的时候直接把我拎进甜品店。虽然当时也没有明确的意识，不过我的确为自己营造出了一种自律的氛围。而每当我有所懈怠的时候，迈克便会不断提醒我别忘了奋斗的初心是什么。

两个月以后，我成功增重了 11 磅（1 磅约等于 0.45 千克），而这一习惯也一直延续了数年之久，直到今天我才首次公布自己积极培养自律的心路历程。我亲眼见证了自律给我带来的诸多益处，同时也认为自律是做好每件事情的必要条件。无论我们追求何种目标，在前进之路上总会遇到各种不顺，而自律则可以帮助我们走出逆境，到达成功的彼岸。

总之自律是掌控人生的必备要件，没有自律，难成大器。

不过人生并不是空中楼阁。很多时候，我们原本目标明确，但却被一些虚妄之物蒙蔽了双眼，因此光有决心和干劲往往还不够。本书将会重点讨论和阐述如何提升自己的自律水平，以及如何自如地掌控人生，而不必每次遇到挫折时都刻意地诉诸自律能力。

可能你和我一样，身边也有那么一位能够督促你培养自律的亲友。无论你喜不喜欢，这都是一种幸事。不过即使没有贵人相助，我们仍然可以通过许多途径牢牢把握自己的人生，而不至于被任性冲动或是分心杂念所打败。请注意，实现自律的目标非常重要，而追求自律的过程也同样重要。

目　录

自律，一种可以养成的习惯

The Science of Self-Discipline

第一章　从生理学角度谈自律

著名作家、演说家吉姆·罗恩曾经指出："我们每个人都必须在'自律之苦'或'悔恨之苦'这两种情绪中选择其一。"终其一生，人们都不过是在选择自己遭受痛苦的方式，而选择自律则往往意味着对内心深处的真实欲望进行克制。

自律和意志力将有助于我们从事一些看似艰难而无趣，但长期来说却大有裨益的活动。比如虽然很想赖床，但却仍然坚持早起锻炼身体；再比如坚决抵制甜点的诱惑，从而避免吃进超高分量的卡路里。无论我们打算通过何种方式实现自己的奋斗目标，自律都将是一项不可或缺的能力。反过来说，缺乏自律的人生必然是充满遗憾的一生，因为在通往成功的道路上，除了自律，还是自律。

本书致力于帮助读者们将自律和意志力内化于心，并形成下意识的习惯，从而为自己的成功之路保驾护航。就拿"每天早上提前五分钟起床"这种事情来说，做个一天两天其实并没有太大意义，但如果每天坚持不懈，那么日积月累的收益将会对我们迈向成功产生莫大帮助。正如田径运动员在比赛开始前需要热身和疏通筋骨一样，自律也是一种需要不断磨砺的品质。

一、自律的生理学基础

首先，我们得弄清楚自律有哪些生理性表现。正如看病需要对症下药一样，通过从神经学的角度剖析自律的成因以及削弱和强化因子，我们便能更加积极主动地夯实这一品质。如何将复杂的人类行为精确溯源至大脑的某一物理位置，是所有神经学家和心理学家孜孜以求的课题。毕竟人的大脑可没有哪个部位直接刻着"冲动"或"意志力"等字样，而且目前也并没有什么化学手段能对这些品质产生持续性的影响。

据估算，人类大脑拥有千亿数量级的神经元 —— 也就是那些在脑回路中不停穿梭并主导我们思想和行为的微小细胞。这些神经元多得像是银河系里的星星，所以可想而知科学界对于神经元作用和行为结果之间相互关联的研究还有很长的路要走。不过近期的一些实验结果还是揭示了大脑活动的部分机理。

2009 年，托德·海尔和科林·卡梅尔试图利用功能性磁共振成像仪（fMRIs）检视人们在从事自律性和自我约束行为时的大脑活动。该实验为被试者提供了两种选择，即在未来某一时刻获取大量赏金，或是立刻获取少量赏金——这是一道考验延迟满足和意志力的经典题目。观察发现，当被试者在两种选择之间纠结的时候，他们大脑中有一块叫作"腹内侧前额叶皮层"的区域活动明显增多。

研究还发现，在人们权衡未来和即时收益时，大脑的另一块决策中枢区域——"背外侧前额叶皮层"也在发挥作用。具体来说，当人们倾向于选择远期收益（比如延后给付的、更大数量的赏金，或是更加健康的食物等）时，背外侧前额叶皮层的活动会更加活跃。

借助功能性磁共振成像仪可以发现，某些个体会比一般人更容易做出更加健康和符合长期利益的选择，也更容易做到自律，其生理学的原因就在于他们的前额叶皮层在活动和结构方面与一般人存在差异。换句话说，与自律能力相关的大脑区域已经能够被准确识别了。

了解这一信息非常重要，因为根据"神经可塑性"的原理，大脑具备持续构建和改造突触联系的能力——因此每个人所拥有的自制力绝不是一成不变的。"锻炼自制力"，准确来说就是用心思考如何提升自己在面对诱惑时保持自律的能力。如果始终坚持更加健康的生活方式，那么我们的自律能力就可以得到持续提升；反之如果总是纵情于声色犬马，那么自律什么的便会随之渐行渐远。如果你是一个连咖啡馆里的甜甜圈都难以拒绝的人，正在为如何坚持日常锻炼而苦恼，又或者你只是单纯地想要改正某些坏毛病并培养良好的习惯，那么相信上述信息足以令你感到振奋。所以别认命，赶紧行动起来，做更好的自己吧。

2011 年，一支由 14 位研究者组成的学术团队开展了一项脑成像研究。该研究招募了一些儿时曾参加过"斯坦福棉花糖实验"的志愿者，并对他们进行复检。所谓的"斯坦福棉花糖实验"是一项具有 40 多年历史的、专门研究"延迟满足"行为的著名实验，关于该实验的细节，后文再行详述。

研究者们发现，那些在童年时期能够做到延迟满足的被试者们，即使人到中年，在面对不良行为的诱惑时仍然可以有效调动自制力。此外，无论以何种常规的评价标准来看，他们几乎清一色都是成功人士。研究发现，这些研究对象的前额叶皮层显得更加活跃，腹侧纹状体（一块与嗜好相关的脑区）也发生了关键性的变化。上述生理差异在初始阶段可能并不起眼，但随着岁月的增长，会越发凸显出来。

尽管目前我们对于人类大脑的认知还非常有限，难以分辨出人的自律能力有多少来自先天遗传，又有多少取决于外部环境和家庭教养，不过可以确信的是，无论当前处于何种状态，我们都拥有改善自律能力的可能性。正如跑步可以健腿，腿健则体强，同样的道理也适用于前述研究中所发现的相关脑区。

正如学习语言最好从娃娃抓起一样，从少年时期开始学习自控和自律可能会更加容易一些。不过即使身为成年人也不要灰心丧气，从现在开始学习克己和培养自律，没有什么是不可能的。只要愿意不懈努力，我们便可以在自律和意志力方面获得持续性的改善。与任何其他技能一样，只要在自律方面下的功夫越多，那么取得的进步就会越大。

此外，前述研究还对"不能宠溺孩子"的观点提供了有力佐证。如果让孩子为所欲为，将导致其掌管自律的大脑结构遭到忽视并得不到有效开发，最终结果就是孩子长大成人后不知该如何克制冲动或是考虑长远目标，可想而知这对于日常生活的影响该有多么严重。

二、专注力与执行功能

专注力是构建自律的一大基石。缺乏专注力的人几乎都难以自律。神经学家们认为，专注力的大小取决于所谓的

"执行功能"。

与自律能力最为相关的三大执行功能分别是工作记忆、冲动控制力以及认知的灵活适配性。你会发现，将它们统称为"执行功能"是非常恰如其分的，因为人的大脑必须具备设定和追求目标、区分各种事务的轻重缓急、排除干扰以及克制负面情绪等能力。

对于上述所有功能，我们都可以观测到相应脑区的活动，包括大脑的辅助运动区、扣带运动区，以及背外侧前额叶皮层、前扣带回皮层和眶额叶皮层等。了解与自律和意志力相关的大脑结构意味着我们可以锚定它们并采取针对性的改善措施。

我们发现了一个改善和提振自律的妙计，那就是设法向负责执行功能的相关脑区加大血流供给。多年以来，冥想活动一直都被推崇为包治百病（自然也包括缺乏专注力和自律）的灵丹妙药。而让许多怀疑者大跌眼镜的是，某项研究证明，冥想活动的效果是实实在在的。具体而言，该研究招募了一些志愿者参与一项为期 8 周的专注力提升课程，并且利用核磁共振成像仪器检测这些志愿者们在参加课程前后的各自状态。实验结果有力证明了冥想活动确实有利于"强化"那些负责执行功能和自律能力的脑区。

进一步地，我们还发现冥想活动可以使大脑的杏仁核产生收缩。杏仁核主要负责处理原始情绪、直觉以及求生的本能，它同时也是所谓"应激反应"的中枢，或者说是身体的预警系统，能够使人们在面临威胁时提振精神，以便更好地执行对抗或者逃逸的策略。情感冲动和压力常常会破坏自律，而接受过冥想锻炼的人则不易表现出恐惧、情感冲动，并能有效抗压。对于这些情绪的有效控制将为自律能力的培养进一步铺平道路。

除此之外，观察还发现冥想练习会令前额皮层的灰质变得更加密集。不光是前额皮层，连位于大脑额叶后方的前扣带回皮层也出现了灰质增厚的情况。而前扣带回皮层这一区域正是与某些自律行为（诸如监控和防止注意力分散、增强认知灵活度等）密切相关的。换句话说，冥想活动不但可以缓解某些可能让人丧失自控的感受和情绪，而且能够使对应的大脑结构获得生理性的改善，从而进一步提升人们对于情感的掌控力。

如果你还没有把冥想活动列入日常任务清单，那么是时候尝试一下了。当然，很多人都会表示自己根本没有时间练习冥想，甚至可能觉得这不过是在白白浪费时间。然而，如果每天几分钟的冥想活动能够帮助我们更加游刃有余地完成各项"执行功能"，那么专注力和自律能力的提升所带来的收益岂不是远远大于我们所付出的那一点点时间成本么？

专注力和自律能力总是如影随形，难以割裂的。只有把心思时刻集中在为了实现某个长远目标而做出的各种决策和行动中，才能够成功建立起长期的自律。

三、意志力倦怠

基于生理性的原因，意志力和自律并不是一成不变的静态。正如装得再满的汽油罐也会有用尽的时候，当外界的各种诱惑不断袭来时，意志力也是会有所损耗的，这和经常抬举重物便会造成肌肉疲劳是一个道理。当人们出现意志力倦怠时，大脑的认知活动往往会有所下降，血糖水平也会低于那些并未调用意志力的人。形象点来说，抗拒一次甜点所需花费的意志力跟抗拒十次甜点相比，是不可同日而语的。

换句话说，不管一个人的意志力有多么坚定，如果让他长期沉浸在充满诱惑的环境中，那么他最后都会以沦陷告终。毕竟常在河边走，哪能不湿鞋呢。

凯斯西储大学的心理学家罗伊·鲍迈斯特于 1996 年开展了一项研究，旨在对所谓"意志力耗竭"的现象进行度量。他招募了 67 位参与者并将他们带入一间屋子，屋里摆放着一碟碟新鲜出炉的甜品和糖果糕点，另外还有一些苦涩无比的萝卜。部分幸运的参与者可以尽情享用各种甜点，但这次实验的主要研究对象们则被告知只可以食用萝卜——这就得考验他们的意志力了。

不出所料，那些只能吃苦萝卜的参与者们自然是一肚子的不满。而当研究人员认为他们已经受够了的时候，便会将他们带去另一个地点，接着完成一项看似毫不相干但实际却是在考验意志力的解谜任务。此时，强行调用意志力的副作用便充分显现了出来。与可以享用甜点的对照组相比，只能吃苦萝卜的参与者们在从事解谜任务时愿意尝试的次数明显偏少，而且早早地便放弃了任务，持续时间还不足对照组的一半。这说明他们的意志力已经消耗殆尽了，于是接下来便打算躺平不动了。

本次研究的意义不言而喻。那些被迫拒绝甜点的参与者们在抵制诱惑的同时也耗尽了自己的意志力，于是当他们再去执行其他的困难任务时，便显得疲惫不堪了。所以一定要记得意志力是一种有限的资源，即使在需要调用的时候也必须谨慎行事，以免当某些诱惑不期而至时，才发现自己已经毫无抵抗之力了。

人类的大脑在历经数万年的进化后已经将维持生存视为第一优先级。而作为现代人，我们当然知道暂时性的低血糖和低能量并不会危及生命，但是我们的大脑却从生理性的角度出发得出了相反的结论，于是它便会切换到生存模式。而一旦进入生存模式，大脑便会为即时享乐、大快朵颐以及其他放纵行为大开绿灯。

所以，为了防止我们的意志力和自律"余额不足"，我们必须全力避免在饥肠辘辘时依靠意志力硬撑的情况发生。锻炼自制力当然是非常有益的，但说到底，保持自律最有效的办法还是尽量远离那些容易让自己丧失自律的环境。如果我们总是站在赌桌前面，也许第一局还能够坚持不把自己的血汗钱拿去冒险，但是下一局可就不一定了。反过来看，其实从一开始就远离赌场才是抵御风险的必胜法则。

压力是另一种与意志力相关的生理因素。一旦陷入重压之下，大脑便会进入恐慌的"应激模式"。在这一模式下，人们会更加依赖直觉并易于采取非理性的行动。压力会挤占原本供应给前额叶皮层的能量，导致人们更加关注短期结果，进而做出不够明智的决定。

好在我们有很多办法对意志力进行日常"储备"，从而避免资源枯竭的危险。而所有的办法都可以归结为如何集约利用意志力，这就需要更加精明地做出决策以及更有智慧地抵制诱惑。

举例来说，假设我们和许多人一样都爱吃甜食 —— 这种嗜好极易养成，因为几乎所有的加工食品中都有糖分的参与，而且我们的大脑虽然久经进化，但仍会认为糖分和能量是稀有资源，所以应当尽可能多地摄入它们。

正如前文所说的，意志力并不是取之不尽的，所以可想而知，当我们把美味的甜食带回家时，想要不为所动该有多么困难。可能我们一开始还勉强抵制得住脑海中不停迸发的欲望，但随着时间的推移，到最后多半还是会屈服的，尤其是当甜食就不偏不倚地摆放在我们眼皮底下时。

综上可知，发挥自律作用的更佳场合不是在家中而是在商店里。因为我们完全可以从一开始就避开所有陈列着垃圾食品的货架通道，这样就能有效防止因为甜食而丧失自律的窘况。相比在家里强迫自己不断抵制甜食的诱惑，更加明智的选择则是从一开始就克服对甜食的购买欲。如此一来我们便不必在家中消耗大量的意志力，而只需花费 10 分钟的时间在商店里解决问题。

同时，我们还可以通过更明智的决策来进一步改善自律状态。还是以商店购物为例，对于"只购买健康食品并避开所有充满诱惑的货架"这件事情，在饥肠辘辘的时候做是一回事，而在酒足饭饱后做又是另一回事。言下之意就是，我们可以主动创造条件避免自己在相对脆弱的时候调用意志力。或许你对这一操作不太感冒，但这的确是一个常规的前置步骤，每当需要调用意志力的时候都应加以考虑。又或许你并不觉得这种事情值得大费周章，但请注意从中引申出的理念是广泛适用于生活中各个方面的，那就是 —— 在发挥意志力作用的时候应当更加讲究策略。

自律本身是一件非常直截了当的事情。我们需要了解什么才是更加健康有利的选择，然后始终坚持这些选择，即使遇到其他能够带来即时满足的选项也不为所动。自律意识越强，获得的改善就会越大。如果我们希望又快又好地建立起自律，那么就需要对各种容易导致意志力倦怠的因素时刻保持警惕，并尽可能地让自己置身在有利于培养自律的氛围之中。

请牢记，自律能力很大程度上取决于生理性因素，无论是坚持自律还是放任自流，都会在大脑中形成一种习惯力量。如果从一开始便能够比较轻松地培养起自律能力的话，那么我们将会变得越来越成功。要知道自律习惯和意志力是会越练越强的。以上就是在日常生活中持续强化自律能力的大致路径。

画重点

- 有关"自律能力的生理学基础"的认知，已经不是什么新鲜事了。而这一事实意味着，自律就跟肌肉一样，可以锻炼，也可以消耗和衰竭，而后者则被称为"意志力倦怠"。了解这些信息是非常受用的，因为我们可以据此勾勒出自己的自律蓝图 —— 既可以提升自律能力，又可以创造条件来节约自律资源。此外我们还可以通过日常的行为和习惯对自律能力产生积极影响。

第二章　如何将自己"一键激活"

第一章介绍了一些需要发挥自律能力的常见情景，例如日常饮食和锻炼等。在这些情景中，自律并不是随性发挥的，而是出于某个特定的目的或原因，也就是说只有特定范围内的行为才会受到约束，而其他行为则不受影响。有些人开始改善饮食和锻炼健身的目的是为了打造健康的体魄、优雅的身段和迷人的魅力。他们有着明确的目标，并期望自己的付出和坚持能够收到理想的回报。

　　明确自己的奋斗目标对于培养自律能力至关重要。目标必须是具体、可描述且可感知的。否则，谁都不会乐意为了虚无缥缈的目标而吃苦受累。就好比没有哪个士兵希望自己加入军队后却不知道要与谁作战，甚至不知道自己正在做些什么。

　　想要长期保持自律，便必须对自己的目标有明确的认识。当然，每个人可能都有自己一套独特的行为动机和方式，不过一些普遍适用的激励手段仍然是值得我们参考的。为了实现长期的目标，就必须找到发动和激励自己的有效途径，如此才能让自己在奋斗之路上更加充满干劲。如果不充分调动激励因素，那么仅仅依靠自律的力量也很难叫醒一个装睡的人。

　　如果我们永远处于士气向上的状态，那么懒惰、拖延、分心、贪欲等一系列问题可能都会不复存在了。不过，在现实生活中，如何长期保持高昂的斗志，即使对于最富激情的人来说也是一道难题。从这个意义上来说，准确找到自己的"启动按钮"显得尤为重要。

一、关于激励因素的研究

　　激励因素的产生通常来自受到某种形式的鼓舞。不过不凑巧的是，除了极个别的例外情况，绝大多数人在大部分日常时间中都不得不去处理一些平淡无奇的事务，甚至我们的工作或职业也是如此。在这种情况下，如果能够顺利挖掘出潜藏于内心深处的激情燃点，那么我们将因此受益匪浅。

当我们在奋斗之路上披荆斩棘时，不要忘记激励着我们一往无前的深层次原因，它就是我们的希望之光，也是我们每天闻鸡起舞的根本动力。

不过，人们往往对真正的激励因素抱有极大的误解。举例来说，究竟是什么驱动着你上班干活呢？你自己给出的答案可能会错得离谱哦。对此，心理学家特里萨·阿玛贝尔和史蒂文·克莱默的研究充分展示了人们对于这一问题的理解是多么不着边际。

研究人员采访了 600 余位公司经理，结果发现 95% 的受访者都误以为他们的员工上班主要是为了挣钱、拿奖金和获得升迁。这就导致他们公司的整个工作氛围都存在着底层缺陷，完全没有契合员工们的真正痛点。那么员工们自己又是怎么回答的呢？

研究人员对超过 12000 条员工日志进行了深度分析，发现提升生产力的最大驱动力并非经济收入或职级地位，而是**能够朝着某个充满意义的目标持续迈进**。也就是说员工们追求的是精益求精、积极进取和自我提升，以及相应的成就感。当所有关于奖金和升迁的承诺，乃至各种赞誉都很难进一步提升员工积极性的时候，不妨尝试着引导员工将日常工作与实现自我成长或达成某一重要目标进行挂钩，往往会产生奇效。相比"把篮球打好"这一宽泛的目标来说，"学会运球"或者"在一周之内学会在两腿间运球"等明细目标可能产生更大的激励效果。

如果你觉得仅凭 12000 条员工日志并不能完全说明问题的话，不妨再来看看由爱德华·德西博士主持的另一项著名研究，本次研究中采取了一个完全不同的手段来阐释何种因素能够最有效地提升生产力。德西博士招募了一些志愿者，将他们平均分为 A、B 两组并让所有人参加一项高难度的解题任务。其中 A 组组员在成功解题后会得到一笔赏金，而 B 组组员则没有奖励。每位组员坚持做题的持续时间都会被记录下来以备后续研究。

　　第一天的情况与大多数人想象的一样，A 组组员的坚持时间几乎达到了 B 组组员的两倍之久。不过到了第二天，德西博士告诉 A 组组员们，从当天开始，解题的赏金不能足额给付了。于是可想而知，A 组组员们一个个都成了霜打的茄子，很快便纷纷放弃了任务。与此同时，B 组组员们反倒比前一天坚持了更长的做题时间。事实上，B 组组员们在每一个阶段都能够比上一个阶段坚持更久时间，尽管他们从未被给予过任何物质奖励。

　　一方面，本次研究证明了金钱是一个极为有力的短期激励因素。它既是一种最易得的物质回报，又是一剂最直接解决问题和消解不满的药方。不过到了某一临界点后，金钱的影响力便开始退居二线了。另一方面，对于某个目标（本例中即是连续两天参加解题任务）的全情投入，其激励作用从长期来看似乎比金钱更加持久和有效。当我们遇到一个能够激起自己战斗欲和征服欲的挑战时，对胜利的渴求会让我们更加专心致志且斗志昂扬。细想一下，其实我们玩过的每款电子游戏都是一个完美而生动的实例。

上述研究结果在令人惊讶的同时，也促使更多的研究者们继续探寻对职业操守和自律能力产生影响的其他因素。于是，除了成就感和投入度以外，研究者们还发现了其他三个主要的激励因素，分别是自主权、工匠心和使命感。

对于自主权的需求，意味着人们都希望做自己命运的主宰。试想一下，如果请两位朝气蓬勃的年轻学生用乐高积木搭建一座桥梁，其中，学生 A 只需根据一张详细的说明书来对照操作，而学生 B 则可以进行一些自主的原创设计。那么你认为哪位学生在拼接桥梁的时候会更加投入呢？答案很可能是学生 B，因为他可以根据自己天马行空的创意进行自由发挥。

很多情况下，只需要给予当事人根据自己的判断相机行事的自由，便能够有效地提升工作效率和敬业程度。

第二个激励因素 —— 工匠心，指的是人们与生俱来的追求卓越的品质。在谈及工匠心如何影响自律能力时，我们不禁会想起科比·布莱恩特那传奇一般的工作热情。每当被问及为何每天清晨 4 点便开始锻炼身体，以及为何总是比其他队友都先到达球场热身时，科比都会回应说，因为自己想要全力以赴成为最杰出的篮球运动员。

在工匠心的强烈驱动下，为了追求更加精湛的技艺而甘愿付出更多牺牲和更加严于律己。同时，基于"没有最好，只有更好"的理念，精益求精的工匠精神也是一种永不枯竭的动力。

接下来要说的是使命感，也即用行动改变世界的理想。很多情况下，缺乏使命感的自律犹如毫无意义的自虐。举例来说，如果某个医学院的学生在面对病人或伤者时无动于衷，那么他绝不可能比充满责任感的同学更加自律。不断实现生命的价值并对社会有所贡献，是人之所以为人的重要特征。热心慈善事业的仁者往往会比独善其身的凡人更加充满激情活力。

上文提及的诸多因素中，有哪些正在激励着你，又有哪些有待你进一步发掘呢？无论追求何种目标，上述三种激励因素都可能成为打开成功之门的金钥匙。当然我们可以结合自身的实际情况进行一定的变通，但不管怎样，如果缺少了自主权、工匠心和使命感的帮助，那么我们的逐梦之路一定会走得异常辛苦。

二、激励因素的外源性与内生性

尽管激励因素种类繁多、五花八门，但总的来说它们都可以被归纳为两大基本类型，即外源性因素和内生性因素。所谓外源性因素是指由他人、外部环境或社会因素等带来的驱动力。而内生性因素则是源于自身（主要是个人需求和欲望）的驱动力。

对激励因素的归类方法，并不会影响其效用发挥。不过作为个体来说，在评估自身激励因素的类别时应当注意实事求是。因为这一判断直接影响到如何对自己的表现进行相应的奖惩。事实上，许多人都认为自己主要是靠内生动力驱动的，但很可能真正激励他们的恰恰都是一些外源性的因素。

外源性的激励因素包括追求快感、正强化甚至贿赂行为。其他诸如财富欲、繁衍欲和功名欲等也都落在这一范畴之内。此类因素是驱使人们为他人提供服务的动力，从而也会让当事人对于外界评价极为敏感。

对于痛苦、恐惧、负强化、威胁以及不幸遭遇的规避同样属于外源性激励因素。对于经济状况失衡的担忧会强烈刺激我们为了保住饭碗而玩命工作，而对手头工作的不满也会不断地怂恿我们投入大量时间寻找其他更有意思的工作。追求舒适和快乐乃是人之常情，不过也正因如此，我们才常常需要一些"逆行"的激励因素来促使我们保持自律并做出改变。

说起来，效用最大的外源性因素一般来自外界的评价。佛门弟子几乎终其一生都在致力于戒除贪、嗔、痴、慢、疑等杂念，而在当今这个物质社会，自尊、桀骜、不安和恋栈等心态同样可以转化为成功的动力。类似的，我们也在不断寻求来自朋辈的认可，有时甚至是为了融入社会而不得不让自己迁就妥协。举例来说，如果一个大学寝室里的所有室友都有晚上一起"开黑"的习惯，那么作为其中一员，你一定会比没有遇到这帮队友之前更加急于把每天的作业早早做完。

僧侣们因自律和虔诚而得以看淡世间的纷扰，而看不破红尘的世人们则在追光逐梦的道路上利用各种外部激励来强化自律。来自社会的认可和他人的赞誉是我们实现理想目标的巨大动力。而对于我们来说，最重要的是做到坦诚而自知，摘下虚伪的面具拥抱真实的自己。

而对于另一类人来说，成功则来自遵从内心的需求和渴望，不被外界所左右。

衣食住行和社会交往是人类最底层的需求，任何其他事物与之相比都只能退居其次。

只有当这些最基本的需求得以充分保障后，人们才会进一步地追求个人满足和成就，比如从事富有乐趣的工作、造福他人，或是从友情和亲情中收获满足感和成就感。

满足感和成就感往往来自某项成就，或是个人的成长与进步。由此推论，世界级的运动员们可能正是受到了上述因素的激励才得以成为最为自律的一个群体。毕竟他们每个人都为了攀登各自领域的巅峰，而将无数的时间和精力投入在训练和备战上。

关于自律，有两个最根本的要点：一是必须认识到激励的重要性；二是必须找到适合自己的激励因素。缺乏激励的自律是难以持久的，正如缺乏自律的目标也是难以实现的一样。

三、亚里士多德的激励理论

著名的哲学家亚里士多德是最早对人类行为的激励因素进行阐释的先贤之一。他在雅典生活时期（即公元前 367 至前

347 年，以及公元前 335 至前 322 年）著有《修辞学》一书。

　　在该著作的第一卷第十章中，亚里士多德阐述了人类行为的七大诱因。总的来说，人类的所有行为都可以归结为受感性或者理性因素所驱动，比如人类之所以要寻欢作乐，正是为了减轻各种悲伤和痛苦。

　　亚里士多德指出的第一个行为诱因叫作"机遇"，即偶发的、随机出现（至少看起来是随机）的某些不可控事件。举例来说，试想一下某天你和几位阔别多年的老友不期而遇，并得知他们一个个都混得风生水起，请问你能求出自己当时的心理阴影面积吗？当然，你会为他们的成就感到高兴，不过可能同时还夹杂着一丝羡慕嫉妒恨，而所有这些情绪都有可能刺激你重新燃起做事创业的热情和自律。因此，在特定情境中出现的小概率事件很有可能会成为改变命运的催化剂。

　　除了充满偶然性的"机遇"外，还有非人为、非随机的必然性的诱因，这里主要包括两个分支。

其中一个分支叫作"本能"，它是一种集相对确定性、内在逻辑性和长期普适性于一身的客观因素。举例来说，周末的夜晚在视频网站上暴刷爽剧常常会让人无法自拔。不过即使追剧追得再凶，总会到了某个时刻我们不得不关掉网页、合上电脑然后钻进被窝。因为人困了累了就要睡觉，这是人类本能，如果长期无视这种本能需求，那么健康状况早晚会亮起红灯。

除了"本能"外，还有一种必然性的诱因叫作"冲动"，在它的驱使下，我们可能会做出一些违背初衷的非理性行为。比方说我们有可能明明正在追求健康苗条，也知道自己需要健康饮食和加强锻炼，但还是突然心血来潮叫了杯肥宅快乐水，顺便翘掉了本来约好的健身课。"冲动"是能够快速占领大脑的不速之客，如果这种欲望得不到满足的话，我们便会心里痒痒得像猫抓一样。因此，必须充分发挥自律能力来不断克服冲动的影响。

还有一个与冲动的作用机制类似的诱因——"习惯"，也是需要强大的自律能力才能加以培养或克服的。养成一个良好的习惯（比如开始练习冥想），需要依靠自律能力来推动和加以维系，直至这种习惯成为我们的第二本能。

反过来说，一旦某种习惯升级成为第二本能，那么想要打破它就会变得非常困难，尤其对于诸如毒瘾等一些无论在生理还是心理上都能引发强烈依赖的不良嗜好来说更是如此。如果想要战胜习惯的力量，那么抵制诱惑的自律心和与欲望做斗争的意志力都是不可或缺的。

接下来要介绍的是建立在逻辑思维基础上的"理性"。这种因素能够对达成某项目标，或是实现某个积极的、理想的结果起到建设性的作用。在大学校园里保持自律并发奋苦读可不是一件容易的事情，不过如果学生们意识到在校时期的勤勉上进有利于今后开启理想的职业生涯，那么理性驱动便会促使他们更加自律自强。

遗憾的是，人很难做到在任何时候都能保持理性。以下两个行为诱因——"愤怒"与"激情"便是由强烈的情感和冲动所引发的。例如某人可能会在某个情绪激动的时刻做出伤人的举动，从而使自己的声誉受损。因此我们需要调动自律来对大脑的决策和思考方式进行干预，从而克服这种蕴含着潜在危害性的情绪冲动。

亚里士多德七大行为诱因中的最后一项叫作"享乐"。在基本的需求得以满足后，人们可能会出于自身喜好而引发非理性的纵欲行为。如果你本来只是为了购买一些生活必需品而前往商场，结果最后却疯狂采购了很多计划外的东西，大包小包堆满了整辆购物车，那就说明你还不够自律，没能克服自己对于物质的享乐主义思想。

大多数人总是对激励因素抱有积极态度，认为只要自己能够得到更多激励，便可以变得更加努力，进而取得更大的成功。不过在培养自律的问题上，激励因素其实是中性的。人们对于正面激励和负面激励的不同理解，决定了他们能否有效运用自律能力来实现自身目标。

能否发挥足够的自律能力来避免和抵制负面因素，能否准确把握有助于保持自律的正面因素，完全取决于我们自己。

画重点

- 自律的重要性不言而喻，但同样重要的是寻得合适的激励因素来代替自律。人们对于自身行为动机的判断未必符合实际，所以坦诚面对自己非常重要。不断有研究证明，物质财富的激励效果其实并不理想。相较之下，进取心、自主权、工匠心和使命感等才是更加牢靠的激励因素。亚里士多德的激励理论介绍了包括外源性和内生性因素在内的其他一些行为诱因。

第三章　海豹突击队的自律秘诀

自律即自由。

——约克·威林克，前海豹突击队指挥官

为了让我们更好地改善现状和取得成就，不妨先来听一听相关专家的权威观点。

说起自律，美国海军的精英部队——海豹突击队（SEALs）的队员们可个个都是百里挑一的典范。所谓的SEAL（海豹）几个字母分别代表着 Sea（海洋）、Air（天空）和陆地（Land），而海豹突击队员们则因能征善战和坚韧自律而著称。如果想成为其中一员，必须经历严酷的训练，能够坚持走到最后的受训者凤毛麟角，而这些百里挑一的成功者们则蜕变为杰出的战士，成为"态度决定一切"这一箴言的最佳代言人。这批精英分子，无论男女，都具备极为强大的心理和生理韧性，能够确保他们无论执行何种任务都能够攻坚克难、不辱使命。这便是他们的生存之道。

一、40% 法则

海豹突击队员们能够通过自我施压的方式来挖掘自身的最大潜能，由此引申出一个著名的法则——40% 法则。

所谓"40% 法则"，顾名思义，就是当我们认为自己的生理和心理机能都已满负荷运行时，而实际上却只发挥出了全部实力的 40% 而已。换言之，只要相信自己，那么就可以继续释放 60% 的额外潜能。所以说当我们觉得自己已经到达极限时，实际上可能还差得很远，而能否坚持下去则取决于自己是否仍然充满信心。明明感到连吃奶的劲儿都用上了，却还要提醒自己其实才使出了四成力气——也即还能继续承受更多痛苦——这可真是需要极大的信念才行呢。

我们往往会在刚开始感到痛苦或是有些力不从心时，就准备打退堂鼓了。然而很多情况下我们的能力远不止于此，在克服了看似可怕的困难和自我怀疑后，我们便获得了进一步提升自己潜能的金钥匙。只要保持自信，便可以让自己走得更远，而下一步的成功又会进一步巩固自己的信心和意志力。

举例来说，你可能在连续完成了 10 个俯卧撑以后会开始觉得吃力，脑海中会不断盘旋着"太累了""浑身酸痛""顶不住了"之类的想法。但如果稍事休息后再努力让自己多完成一个，你便用自己的行动打破了刚才的那些自我怀疑，于是可以继续完成第二个、第三个……

做着做着你会发现，竟然已经完成 20 个了。虽然速度有所下降，但是你已经完成了看似不可能的翻倍量。

只要相信自己就没有什么不可能。信心会让我们成功突破自己给自己设定的所谓极限。当做完 10 个俯卧撑后感到苦累并想到过放弃，却仍然咬紧牙关又多做了 10 个时，我们就会明白意志力可以帮助自己坚持下来。于是当下一次面临挑战，需要再度突破自己认为的所谓"极限"时，我们便会表现得更加胸有成竹和游刃有余。一言以蔽之，这就是自律能力的体现——核心问题在于，当大多数人在困难面前望而却步时，你还愿意继续承受多少额外的痛苦呢？

当我们对自己的能力坚信不疑时，这种意识便会成为我们最给力的盟友；但如果放任负面情绪占据上风，那么我们也将深受其害。所以关键在于如何充分利用"40% 法则"来为自己赋能，而非稍微遇到点阻力就撂挑子不干。

试想一下，如果你决定要参加一项五公里甚至是全程马拉松长跑，而恰好此时自己的身体又不在最佳状态，那么可想而知的是，随着不断的奔跑，你会感到呼吸变得越发困难，双腿变得越发沉重，而你对自己能力的怀疑也变得越发强烈。此时此刻，只要简单地停下脚步便可以让自己脱离苦海。不过如果你不是在参加马拉松比赛而是正被某类凶神恶煞的物种追得抱头鼠窜，那么恐怕再怎么严重的生理不适，都不可能阻挡你风驰电掣的步伐吧。不经历风雨怎能见彩虹，伤痛本来就是成功的一部分，而最重要的是相信自己一定可以。

　　事实上，绝大多数人都难以摸清自己身体和精神的真正极限。相比我们的远古祖先来说，现代人的生活过于安全和舒适，以至于一旦遇到需要考验意志力的场合，人们便会表现出各种不适。我们没有试探过自己的极限，因此对自己的真正实力知之甚少。现在的普遍情况是，只有少数经历过严格磨砺的勇者才能够收获自律和意志力，而余下的庸人们则只能停留在舒适圈内让自己的才能白白埋没。

　　如果你对"40% 法则"的效用有所怀疑，那么一些科学证据可能会更有说服力。多年以来，无数相关研究都证实了"安慰剂效应"能够产生惊人的效用，尤其是在运动领域。所谓"安慰剂效应"，指的是仅仅通过灌输"某种行为会带来益处"的信念，便能为当事人的真实表现带来肉眼可见的提升。"安慰剂效应"的客观存在，说明人类的精神力和韧劲能够在很大程度上影响生理机能。换言之就是，信则有，不信则无。

　　2008 年发表于《欧洲神经学学刊》上的一份研究报告对

"安慰剂效应"进行了有力的证明。该项研究中，研究人员将一些糖丸分发给举重选手，声称此为咖啡因药剂，能够有助于改善成绩。结果就是，服用过"药剂"的选手们由于相信自己获得了额外的力量，从而真的发挥出了更佳的水平。

科学界的共识是，"安慰剂效应"并不是自欺欺人、侥幸事件、实验偏差或是统计异常，而是一种能够自我实现的预期，也即大脑对于某种结果做出臆测，并主动促成这一结果实现的过程。事实上，一旦大脑的自我实现机制被成功激活，那么"安慰剂效应"便能够发挥出人们预期的效用。研究人员发现，安慰剂的"剂量-效用"曲线与真实药物别无二致——两粒安慰剂的效用比一粒大、大片剂的效用比小片剂大，诸如此类。

"安慰剂效应"充分说明人类强大的精神力量。无数研究证明，"安慰剂效应"实际上是大脑分泌内啡肽的化学过程，只要对自己更加自信，我们便将拥有更多梦想成真的可能性，只要相信，一切皆有可能。

除了运动领域外，"安慰剂效应"在医学领域中的经典案例也层出不穷。服用了安慰剂的患者们往往能够获得与真实药物或维生素近似的疗效。一个有趣的案例就是，疼痛患者在服用了号称止痛剂的安慰剂后，反馈说自己的疼痛症状的确有所减轻。安慰剂的止痛效果说明，对于任何受到大脑支配的生理环节，我们都可以通过正面引导的方式加以"诱骗"。

现在我们知道可以利用"安慰剂效应"来改善个体表现，那么如何借助它来强化自律呢？

一个简单的道理是，克服某种重度嗜好的成功率取决于当事人对于该嗜好的态度。如果从一开始便产生畏难情绪并自我怀疑，那么我们就已经输了一半。想要取得成功，首先要相信自己能够成功。这并不是说只要坚定信心便可以无脑躺赢任何挑战，重点其实在于，相信的力量有助于提升成功的概率。

无论追求何种目标，与其仅仅依靠自律来苦苦支撑，倒不如尝试着对内心预期进行适当调节。无论是"40% 法则"还是"安慰剂效应"，都充分说明了每个人皆可以比自己想象得更加优秀。每当我们在为自己寻找借口，或是感到难以自制时，请对照上述两条法则和效应，重新审视一下自己的那些借口是否还站得住脚。很多情况下，导致自律崩塌的深层次原因往往在于自我灌输的失败主义情绪。而对于卓越、成功和自律的强烈信念，将为我们开启一扇"自我实现"的大门。

二、应激控制

人体在千百年的发展中进化出了膝跳反应等一系列针对不良刺激的神经化学反应，例如此前章节中提及的"应激反应"等。这些反应会使人们处于生理上的高度警醒状态，此时机体出于求生的本能，会将大脑迅速放空，并在必要时放弃自律和意志力，从而有效提升个体在恶劣环境下的生存概率。然而这些生理机能已经与现代社会的环境和节奏越来越格格不入了。

想要提升自律，就必须学会自我放松，并在生理应激反应的干扰下仍然能够保持专注。普通人是难以克制颤抖、手心出汗等应激反应的，因为此类反应是由包括皮质醇和肾上腺素在内的强烈的荷尔蒙所引发的。当个体在面临巨大压力，或是陷入极大恐惧时，身体便会分泌大量荷尔蒙，而这一反应过程通常是难以自制的。

然而，对于海豹突击队员们来说，放任上述不良反应的后果很可能就是致命的。你可能已经猜到了，海豹突击队员们掌握了一套特别的技能，可以帮助他们即使遭遇再大的危险和压力，都能够保持头脑清醒。而其中一种普遍适用且极易上手的方法叫作"箱式呼吸"。

具体而言，当海豹突击队员们意识到自己即将破防时，他们会通过专注呼吸的方式让自己重归镇定——吸气四秒钟，屏息四秒钟，然后再呼气四秒钟，反复进行直至感觉自己心跳放缓、恢复正常。

处于高度紧张状态下的大脑是低效而呆板的。反之，如果想要挖掘自身潜能，就必须让自己保持镇定。简单易行的箱式呼吸法既然对海豹突击队员有效，自然也适用于我们普通人。这一技巧本身无甚难度，但关键点在于当事人必须能够在自己情绪失控和自律丧失之前及时察觉和提防。

每当我们感到心跳加速、手心出汗时，便应当尝试通过专注呼吸来克服不良反应。如果能够在出现应激反应或情绪压抑的第一时间便采取箱式呼吸，那么情况便会好转，因为我们已经重新掌控了局面。不管怎么说，"制止"恶果总是比为恶果"善后"要简单得多。

作为另一种同样需要专注呼吸的活动，冥想练习也能够发挥类似的缓和应激反应的效用。无论对该项技巧掌握到何种程度，只要能够控制情绪冲动，便可以让自己的生活大为改观。无论我们的压力来自公开演说前的焦虑，还是重要考试前的紧张，只要保持清醒的头脑，便能够更好地应对一切。

三、求其上者得其上

奋斗目标的大小会影响到个人成功的可能性吗？大量的科学研究给出了肯定的答案。

爱德文·A. 洛克和盖里·P. 莱瑟姆在他们的"目标设定"理论中提出了"重新定向"说，其中明确指出："在个体信念坚定、能力充足，且不存在冲突干扰的前提下，奋斗目标的难易程度是与个体表现的高低水平呈线性相关的。"

换言之，设置一个富有挑战性而又切合实际的目标，将有助于提升个体表现。相比之下，温和的目标设定所产生的激励效果就比较有限，容易使人缺乏前进动力。这一结论与海豹突击队的"40% 法则"可以说是相得益彰。

设想一下你正打算出国旅行，而在此之前想要学习一些目的地国家的当地语言。科学研究认为，相较于"仅仅掌握一些基本对话"的温和目标而言，设定一个更加激进的目标——例如"在数月内达到中级水平"，将会更有助于取得理想的学习效果。当然，激进的目标意味着更多的时间投入，不过这也会激励着你为了达成目标而变得更加积极和自律。

对于目标设定，销售专家、销售培训师、演讲家和《纽约时报》畅销书作家格兰特·卡登提出了一个更为简单的法则，名为"10 倍法则"，顾名思义就是在设定目标的时候要比自己的原本预期水平提高 10 倍，随后再付出 10 倍的努力去实现目标。

"10 倍法则"是一种刻意而为的激进策略。这一法则的要义在于迫使当事人对于自身潜能和行动计划进行重新审视。必须认清的是，过去的观念和行动成就了今天的我们，而在通往未来和远方的征途上，我们需要不断突破和超越既有的框架。无论何种目标，在扩大 10 倍后都会令人咂舌，不过这可能正是我们所需要的。

以减肥为例。假设我们打算减下 10 磅体重，那么按照"10 倍法则"，我们应当将目标升级为减重 100 磅。这甚至可能已经超过了自己目前的总体重，然而关键点在于，目标的升级会带来减肥措施的强化，比如减重 10 磅的目标可能只需节食和锻炼数周便能达成，不过也可能很快便会因为旧有生活习惯卷土重来而导致效果反弹。而另一方面，减重 100 磅的目标则是一整套生活方式的重塑革新，这显然需要付出更多的努力和自律，但其效果也将更加长久、更可持续。

如果让我们在一辆车子里小憩 10 分钟，我们肯定不会为此大费周章，甚至可能连安全带都懒得系。不过如果给我们 100 分钟呢？我们可能就会设法下载一些汽车音乐，准备几包零食，然后再给油箱加满汽油。当然啰，安全带是绝对不会忘记系上的。

所以问题的关键在于不要低估自己。首先要相信自己比想象中更强大，然后为自己制定更加远大的规划，并凭借自律和努力付诸实践。人们往往喜欢制定一些不痛不痒的目标，这样遭遇挫折也不会太过失落。但如果总是不求上进，那么也永远只能止于平庸。

四、10 分钟法则

在所有的灵长类动物中，人类大脑的发达程度无出其右，理所应当被认为拥有最为杰出的决策能力。

然而，哈佛大学开展的一项有关人类和猩猩在自律能力方面的对比实验，结果却令人大跌眼镜。这次实验的要点是，研究人员为猩猩和人类被试者提供了同样的两个选项——立刻获得 2 份奖励，或是等待 2 分钟后获得 6 份奖励。整个实验过程中，猩猩在 72% 的时间里都选择了等待，而人类方的这一比例则只有 19%。猩猩当然不会比人类更加聪明，那么究竟是什么原因造成了二者在决策质量上出现的这种看似有违情理的差异呢？

好吧。其实问题恰恰就在于人类的大脑太过发达，人们会对一些显而易见的答案过度推敲，还会为一些扣分行为寻找合理化辩解。人们并不是时刻都能分清什么是真正的客观原因，而什么仅仅是托词或者借口。可想而知，这样的思维方式会对人们的行事效率造成多大的损害。

　　为了克服上述问题，"10 分钟法则"便应运而生——如果某种事物令你怦然心动，那么请记住至少等待 10 分钟以后再去一亲芳泽。这一法则简单粗暴而又不容妥协。无论处于多么强烈的冲动之下，都一定要坚决保证自己在 10 分钟之内不会沦陷。如果 10 分钟后仍然痴心不改，那么便开始采取行动吧。不过话说回来既然等上 10 分钟也没什么大不了的，倒也不妨再继续观望 10 分钟看看呢。综上，只要简单地稍等片刻，便可以将"即时满足"中的"即时"因素有效化解——这样便有助于强化自律和提升决策质量。

　　类似的，如果打算放弃某种有益的事物，那么也先让自己冷静 10 分钟吧。这实际就是同一种思路的不同运用。10 分钟不算太久，谁都能等得起，而当尝试过一次以后，下次再依样画葫芦便也不是难事了对吧？

　　"10 分钟法则"的另一个应用场景是对良好习惯的主动强化。如果正在从事某项积极的活动，但到了某一时刻突然想要喊停时，不妨试着让自己再继续坚持 5 分钟，接着延长到 6 分钟、7 分钟……每当心生杂念时，便试着调动自律再多坚持几分钟，那么随着一次次地突破自己，自律能力也会得到稳步提升。

严于律己绝非易事。建立自律的过程往往就是理性与本能及自然反应之间的斗争过程。不过即使是拥有地表最强自律能力的海豹突击队员们，他们的专注力和自律也绝非与生俱来的。

海豹突击队员们能够通过某种方式来构建自律，而这一方式亦可为普罗大众所用。高强度的军事训练让他们在潜移默化间成为"40% 法则"的信徒，从而能够不断地超越自身极限。他们学会了如何在高压状态下保持专注和冷静，所以不会因感情用事而丧失自律。他们还善于制定远大的目标和相应的行动计划，并在实现目标的过程中注意规避"即时满足"的短视行为以及其他各种陷阱和诱惑。

其实我们每个人都能够让自己变得更加自律。从这个意义上来说，海豹突击队员们的过人之处仅仅在于，他们为此绘制了蓝图并努力将其实现。

画重点

- 海豹突击队员们往往因意志力顽强而享有盛誉，而这一品质对于他们的重要性足以用"生死攸关"来形容。海豹突击队员们能够运用若干技巧来保持惊人的行动力，其中最为著名的一项技巧被称为"40% 法则"：当觉得自己已经到达极限时，实际上只发挥出了 40% 的实力。此外还有其他一些提升自律的技巧，包括能够抑制应激反应的"箱式呼吸"、制定更加激进的目标以便充分调动主观能动性，以及"10 分钟法则"等。

第四章　是什么消解了自律

在追逐星辰大海的漫漫征途中，自律能力是不可或缺的。尽管大多数人都会不假思索地对此表示认同，但世上因缺乏自律而泯然众人的庸者却比比皆是。原因何在呢？是我们不够重视吗？

并非如此。其实我们天生便懂得如何让自己获得改善和进步。我们的出发点总是极尽向善的，只不过在前行的过程中，很容易便会在不自觉间偏离了方向。本章的内容并无意对外部环境进行指责，而只是希望读者对一些潜在的、隐蔽性强的自律破坏因子引起重视。日常生活中，有哪些因素会在我们全力以赴的时候扯后腿，又为不良的生活方式推波助澜呢？实例不胜枚举。

也许我们的朋友圈里就混迹着一些牛鬼蛇神，或许我们已经在无意识间养成了某种负面的思维模式或是不良习惯，或许我们对自己的潜能有所误判，又或许我们的工作动机还不够端正……不过不管怎样，这些都是可以改变的。本章的内容旨在帮助读者们理解并克服那些破坏自律并让人止步不前的负面因素。

一、虚假希望综合征

关于自律的一种最为常见的误区就是认为改变自己的行为方式是一件轻而易举的事情。这种现象也被称为"虚假希望综合征"，它会导致人们为自己设定不切实际的目标，最后难免以失败告终。

人们通常会对改变不良习惯的难度估计不足，总是想象自己正在一个宁静淡泊的理想国里自在遨游。虚假希望的不断膨胀，带来的是失败概率的大幅提高，最终导致不良习惯非但没有改变，反而有所强化。

心理学教授皮特·赫尔曼在对自律和自我提升的研究中探讨了为什么仅凭强烈的愿望和积极性并不足以成功改变陋习。他指出，许多人都追求短期内的立竿见影，这种难以持久的改变注定失败，而导致这种虚妄目标产生的原因则在于过于低估了实现目标和改变自我的难度。

我们可能在某一时刻觉得自己目标明确、规划清晰，但随着日常生活中的压力和困难纷至沓来，原本清醒的大脑便会逐渐迷失，很容易再度沉迷于声色犬马而无法自拔。换句话说，对于目标的渴求，其实很容易被一些能够带来短暂快感的情绪释放所压制，而这一切都是出离我们的计算范围之内的。

罗马不是一天建成的。在迈向伟大目标的征途上，我们需要不断获得正面的反馈和切实的进步。但如果设定的预期过于脱离实际，那么上述反馈和进步便很难实现。

以吸烟为例，这是一种无论心理还是生理上都极易上瘾的习惯，想要彻底戒除可谓难上加难。而当屡戒屡败后，当事人往往会深受打击，最后彻底放飞自我。这实际上就是因为从一开始就设定了过高的目标，导致一招不慎便满盘皆输——颇有些作茧自缚的既视感。

相对的，同样是立志戒烟，是否可以尝试一下首先在一个月内将吸烟量减半，然后下个月内再减一半，以此类推？如此操作几个月下来，便可望实现对烟瘾的有效抑制，那么离完全戒烟的目标便迈进了一大步——这一切都要归功于设定了切实可行的目标。

一个月内将吸烟量从每周 50 根降至 25 根显然比从 50 立刻降至 0 要容易坚持得多。而重点在于，前者可以提供持续的正面反馈，并转化成为继续坚持的动力。同时，这种模式也给予了当事人更多的时间用于思考和行动，促进大脑生成相应的神经通道，从而帮助个体实现持续的自我改进。

所以问题的关键就在于设定预期目标时要注意与客观实际和自我认知相契合。那么应当如何为自己设定目标呢？它们是否与我们目前的能力精准挂钩？还是仅仅寄希望于前路的一马平川呢？请注意，只有规避各种虚假的希望，才能让自己在追逐目标时保持自律。

对于构建自律来说，积极的动力和强烈的志向至关重要，而同样重要的还有脚踏实地和持之以恒。稳扎稳打的做派可能会令我们牺牲一些短期的欢愉乃至尊严，但这无疑是一条通往最终目标的有效路径。

二、拖延症与自律

拖延症是自律的天敌。它通常意味着人们在用"等待条件成熟"的借口来为自己的懒惰散漫开脱。譬如，人们可以以"腿脚无力"或是"外面下雨"为由将健身计划延后。要知道即使通往健身房的路面没有达到100%的清洁度，也并不意味着翘掉健身课就是理所应当的，这不过是借口而已。

其实改善自律能力的做法很简单，那就是在决心追求理想或是改变陋习之前，一定要摒弃那种一味等待"万事俱备"

或是"时机成熟"的想法。浑身懒散和满嘴借口相生相伴，最终都会让我们与成功渐行渐远。不管什么事情，如果非要等到自己觉得一切就绪才肯行动的话，那么往往已经错过了最佳时机，追之莫及了。

这个道理可能没有那么一目了然，那么让我们来捋一捋背后的逻辑。如果今天我们会为自己找各种借口和托词，那么明天就不会了吗？何时才能真正等到所有的条件都成熟，又何愁找不出借口和托词继续拖延下去呢？坦率地说，这是没有止境的。

某些试图戒烟的瘾君子可能会给自己预留若干星期的缓冲时间，这样一来心理压力会小一些。不过即使是这种看似合理的拖延，实际仍是有害的，因为这意味着行动时间和地点的不明确。只要还在等待条件成熟，就总能告诉自己现在还不是时候。即使条件真的改善了，也未必会让自己的态度发生转变，没准又会找到另一个条件来为自己的拖延打掩护了。

　　我们在尝试做某项重要工作时，难免会心生顾虑。接受某项挑战意味着我们可能会被其中的刺激感所吸引，同样也可能会被各种不确定性所劝退，所以自然而然地，我们会纠结自己是否真的做好充分准备或是具备足够能力去解决难题或者克服横亘已久的阻碍。

　　我们固然可以选择在规划好蓝图之前按兵不动，不过其实立刻行动起来才是上策。无论是健身、创作还是创业，启动的最佳时机就是现在。至于我们所苦苦等待的所谓完美时间点，世上并不存在那样的东西。一味地等待更多的金钱、资源和经验，很难让我们的未来变得更加成功。只有现在行动起来，才能离目标更加接近一些；也只有现在行动起来，才能在前进路上对目标和规划有更加明确的理解。

　　当今社会还普遍流行一种所谓"追求完美"的迷思。同样的，这种迷思也会导致拖延症，因为它会引发对于失败的恐惧从而削弱当事人的行动力。只要意识到拖延症和完美主义的本质都是自律和成功的阻碍，我们便能从容开启自己的逐梦之旅。

"75% 法则"被认为是克服拖延症和完美主义的一个有益借鉴。简言之，就是当已经有 75% 的把握时，便可以开始行动。事实上，100% 的确定性是不存在的，通常来说 75% 的胜算已经意味着一切就绪，甚至可能已经错过了最佳收益。

如果对自律的追求仅仅停留在酝酿阶段，那么无论我们的愿望如何强烈，一切都只是纸上谈兵。只有付出不懈的努力，才能收获自律。所以，当我们已经接近 75% 的水准线时，就坚定信心行动起来吧。

仍以马拉松长跑为例，如果在备赛时自己的状态不佳，跑完全程的可能性不大，但顺利跑完 3 公里的可能性在 75% 上下，那么便可以以 3 公里为目标开始训练。即使并没有完全准备好跑完 3 公里，但只要觉得存在较大的可能性，那么接下来最重要的就是勇敢地迈出第一步。

经过一段时间的训练后，你可能已经有 75% 的把握跑完半程马拉松了。那么就再接再厉吧，最终，跑完全程马拉松的成功率也会提升至 75%。通过上述操作，将某个终极目标细化成若干小目标，便可以有的放矢地展开行动，稳扎稳打保持自律，同时有效避免失败的打击。

如果总是害怕失败，或是将自律的培养寄托于外部环境，那么很难取得理想的成功。为了克服各种不确定性建立起自律，我们需要具备坚定的信念并付诸脚踏实地的行动。

三、拒绝辩解

对于缺乏自律这件事，人们总是善于自我安慰。相关的毒鸡汤包括但不限于："给自己紧绷的神经放个假""给自己一个爱的拥抱""不要让规矩束缚了自己"等。而事实上，这些金句往往都让我们孜孜以求的自律毁于一旦。

人类发达的头脑总是能够为自己的不自律行为找到种种借口。学者们曾做过一项研究，首先让被试者们回忆一下自己曾经做过的善事，随后再号召他们参与一次慈善捐助。结果那些能够回忆起自己往日善举的被试者们，相比什么也想不起来的人来说，在捐款金额上平均下降了60%。这一研究结果表明，对于历史捐赠行为的记忆会让当事人认为自己已经享受过助人为乐的满足感或是履行过慈善救济的责任，从而对现时的捐助活动不再具有积极性。换言之，他们在用历史的捐赠行为来为自己现时的消极行为辩护。

明明现在什么事情都没做，但只要一想到自己曾经捐过款，便会觉得自己已经是个大善人了。类似的场景还包括：当回忆起自己曾经的辉煌，很容易将这些高光时刻代入当下，于是便觉得无欲无求了。就这样，人们总有办法为不自律的行为找到合理辩解，而自己也随之渐渐失去了奋斗的目标。

所以，培养自律最困难的一点在于如何及时审视这种自我辩护的行为，并让自己始终保持责任感。无论我们觉得曾经的某项壮举或成就足以让自己吃多少年的老本，只要继续放任这种为自己开脱的思维模式，那么我们的自律能力就会不断遭到削弱，这是显而易见的。要知道，任何一个时间点，或是任何一个具体的决策，都是一个独立的事物，不可以跟历史记录做加减运算。如果我们发现自己正在用过去的行为来为当前的懈怠作开脱（譬如："我昨天表现得太棒了，所以今天一定要好好地睡个懒觉"），请立刻喊停，不能让这种念头破坏我们的前进步伐。每一段经历都是独具一格的，善举和善举之间无法加总求和，更不能拿来冲销不良表现。

一旦发现自己产生了"因为我完成了某事，所以现在就可以怎样怎样"之类的想法，那么应当意识到这就是一种自我开脱的倾向。

试想一下如果你正在戒酒，而今天正好要去一家餐馆为朋友庆生。那么在这种情况下，找个借口让自己小酌一杯可就太容易了——这可是生日聚餐啊，怎能不好好庆祝呢？反正都好几个月没碰酒了，偶尔通融一杯问题不大。于是你就这样成功地放纵了自己，而接下来的事态发展也不难预见——在喝了第一杯后，你便将自己数月以来滴酒不沾的纪录彻底打破了。在毫无顾忌的状态下，你会更加心安理得地给自己满上第二杯。就这样，一次破例便会让此前所有努力化为乌有。

芝加哥大学开展的一次实验进一步展示了自我开脱倾向是如何消解自律的。研究人员们招募了一些节食者，首先向他们表达慰问，祝贺他们在瘦身之路上取得了可喜的进步，并告知他们可以在苹果和巧克力二者中选择一种作为奖励。结果 85% 的节食者们选择了巧克力而非苹果，而他们对此的辩解是，这是他们努力挣来的。

当我们意识到自己正在寻找借口时，这其实也是一个锻炼自律的绝佳机会。上述实验中的节食者们能够出色地抵御明晃晃的诱惑和欲望，但是当经过层层伪装的诱惑偷偷袭来时，他们的自律便瞬间掉线。如果在意识到自我开脱倾向的同时能够成功保持自律，那么我们将会获得两个方面的收益：一是无论对于何种目标来说，我们都不会因为丧失自律而停滞不前；二是经历了如此艰难的考验后，我们的自律能力将会得到显著提升。

四、帕金森定律

拖延症重度患者经常挂在嘴边的一句话就是"最后期限是第一生产力"——也即时间越紧、效率越高。不过这套说法还确实被一个名为"帕金森定律"的理论所证明了。

"帕金森定律"指出，工作具有很强的延展性，无论为此设定多少可用时间，最终都会被完全填满。也就是说，不管所谓的最后期限是长是短，它都等同于实际完工的时间。最后期限定得是宽还是严，只会影响到当事人对自律能力的调动。

"帕金森定律"是由一位名叫西里尔·帕金森的英国历史学家提出的。帕金森在英国政府机关工作时观察到，随着官僚队伍的扩张，行政效率不升反降，投入的人手和时间越多，产生的消耗也越多——在其他许多领域，这一现象也比比皆是。所以对于"帕金森定律"的一般性表述就是，规模扩大将造成效率降低。

　　而与自律相关的是，帕金森发现人们为了用足工时，会将许多简单的任务进行复杂化处理。因此缩短工作时限有助于简化任务并提升效率。

　　一般来说没有人会要求或是建议我们删繁就简，因此如果希望自己更加高产和高效，那就需要自己手动调整工作时限，从而避免落入"帕金森定律"的窠臼。通过手动设定时限，可以让自己更加聚焦工作重点，不要为了将时间填满而刻意把事情搞得复杂而困难。

　　举个例子，比方说你的主管给了你一张电子表格，让你在周末前做出几张图表。这项任务大概是一个小时的工作量，但当你浏览一遍表格后，你发现里面的数据有些混乱，可读性也不强，于是你便开始重新编辑起表格来，这花费了你整整一周的时间。而正如前面提到的，制作图表其实只需要一个小时而已。如果换种方式，给你的时限只有一天，那么你就只会把精力放在制作图表本身，而不会再计较其他的细枝末节。正如"帕金森定律"描述的那样，人们一旦获得时间富余，便会设法将工作延展以填满多余的时间。

　　由此可知，设定比较激进的时限，才能真正地挑战自我并规避"帕金森定律"的影响。同时，过长的工作时限其实也会给当事人带来一些潜在的心理压力，所以还是早点完工、早点让自己解脱吧。

　　为了对可能破坏自律的具体因素做出准确分析，我们应当对自己的一言一行进行密切观察和研判。我们需要关注自己哪些方面的表现可能会破坏自律，然后对所有可能令我们自毁长城的消极因素有一个清晰而全面的掌握。此外还需谨记，自律本质上就是艰难而压抑的。所以在设立预期的时候需要切合实际，否则在执行过程中很容易落得身心俱疲。

　　培养自律本身就不是一件轻而易举的事情，所以请时刻保持警醒，不要因为自己的某些随性行为而让自律的构建变得难上加难。

画重点

- 一些常见的可能破坏自律的因素包括：设定过高的预期（虚假希望综合征）、为追求完美而不断拖延（可运用 75% 法则来化解）、为消极不作为辩解和寻找借口以及"帕金森定律"效应（可通过设定更加激进的工作时限来化解）。

第五章　锻炼"自律的肌肉"

从本质上来说，自律并非一件乐事。除非抱有某种强烈的动机，否则人们一般不会主动让自己成为苦行僧，毕竟自律之人是不吃冰激凌也不玩电子游戏的。

世上还没有哪种知识、习惯、观念或是攻略能够有助于让自律行为变得舒适。事实上，自律就跟做杂务一样，琐碎而无趣。而我们所不断追求的，与其说是自律本身，倒不如说是对各种不适感的耐受能力。构建这种耐受力的过程也被形象地表达为"锻炼自律的肌肉"——用坚强的意志力来克服对于轻松、舒适和即时满足的天性。

这一过程旨在将自律带来的刺痛感降低到极轻微乃至难以察觉的水平。如果我们一直坚持自律，那么"秀肌肉"的行为甚至还能进一步提升对自律的渴求。自律说白了就是为了长远的利益而选择短期的不适。正如举重练习会带来一时的疲惫痛苦，但却能够通过锻炼肌肉来让我们变得更加强壮。同样的，选择自律的行为和思考方式可以让我们的"自律肌肉"更加发达。学会适应并"享受"自律引发的各种不适感，将会为我们的生活带来全方面的裨益。

如果能够将对不适感的排斥心理转化为一种"享受"，那么我们将拥有足以战胜一切困难、诱惑和挫折的强大精神力。无论在疲惫不堪、怒火中烧还是灰心丧气（这也是最为需要自律的时候）时，都应当保持良好的自律。对自律能力的培养实际上就是要让坚韧不拔的状态成为自己的常态。

一、冲动冲浪

培养自律能力是一项艰巨的任务，不过我们可以采取一些有效的手段来削弱冲动和诱惑的冲击力，从而减轻自律的压力。所谓冲动，指的是想要从事某种习惯行为或重温某种癖好的情绪波动，这种情绪波动不仅表现在思想上，还会反映在生理状态上。

已故的心理学家艾伦·马拉特曾是成瘾治疗领域的前沿人士。他开发了一种用于克制冲动的方法，并将其命名为"冲动冲浪"。这里，冲动就好比大海中的浪潮，而我们则应驭浪而行，充分体验从波涛汹涌、高潮迭起再到释然褪去的整个过程。

"冲动冲浪"可以被用于锻炼自律能力和意志力。这种方法旨在引导人们"享受"不适感和抵制诱惑。

下一节将会对"冲动冲浪"做更加详细的解释。不过在此之前，我们可以通过阅读以下指南，对"冲动冲浪"建立起一些基本概念：暂时停下手头上的事情，然后回想一下自己近期产生过的一次冲动，无论何种冲动均可。继续回想这种冲动，注意自己身体和情绪上的感受。让自己沉浸其中，仔细体会这些感受是如何随着时间的流逝而演变的。与此同时，还需注意保持呼吸节奏以便克制冲动，将这些冲动想象成一层层的海浪，而我们正在其中乘风破浪。

人类的天性总是会与内心的冲动产生共鸣，而"冲动冲浪"则会帮助我们将自己与以往的恶习或癖好进行切割。只要将"我想要抽烟"的想法，转变为"我发现自己有想要抽烟的冲动"。如此一来，我们便不必为了抑制冲动而与自己为敌，只需将其当作一种内心感受，我们可以尽情体会、用心观察，最后从容放下。

与冲动的对抗不可能一蹴而就，但是在保持定力不为所动的同时，以一种求知的心态走近冲动，那么就更有可能战胜它。

通常来说，如果强行抑制冲动的话，那么冲动的情绪大概会在 20 到 30 分钟左右到达顶峰。与冲动正面对抗是不明智的，这样只会让情绪变得更加强烈而持久。此外，抑制冲动的做法会让冲动的念头变得更加根深蒂固，同时也会让当事人对于自己是否具备改变现状的能力越发怀疑。不过，如果放下对抗，怀着更加开明的心态，尝试去了解和分析冲动，那么反而可能更快且更轻易地将它们平息。

冲动的力量其实并不来自嗜好或是诱惑本身，而在于是否纵容自己的情绪。一个很好的例子就是戒毒中心的患者们，他们会发现，如果被彻底切断了获取成瘾物质的所有渠道，那么他们的欲望和冲动便会比来中心治疗前显著减弱。中心消除了患者们内心的纠结，于是情绪冲动便成为无源之水，然后渐渐消散了。

即使再怎么向往自律，我们也不大可能为了消除内心的纠结而把自己送进戒毒中心，所以"冲动冲浪"的练习更加值得去尝试。

关于内心纠结的问题还可以另有一比，即冲动就像一座瀑布，而抑制冲动则等于是在试图阻断飞流。显而易见，瀑布当然是阻断不了的，试图逆流而动的话反倒可能招致更加强硬的反弹。对于这样一个无解之局，"正念"（也即专注于当下）可能是一个有效的出路——不要试图阻断瀑布，而是让自己置身事外，仔细观察。这种专注策略是非常可取的，它也是提升自我效能的最佳方式之一。

如果我们能够成功地将自己对于冲动和诱惑的态度从恐惧或顺从转化为好奇，那么也就能够采取不一样的应对策略。

我们应当利用科学的方法来对自己的行为习惯进行剖析。如果刻意压制冲动，那么结局一定不会太理想。只有学会包容和观察，才能够让冲动的情绪快速褪散。

二、助长冲动的竟是你自己？

在认识到抑制冲动很难奏效后，你可能会从逻辑的角度出发，考虑是否应当在更早的时刻采取提前干预，譬如转移自己的注意力，或是设法规避冲动的情绪。

然而，与抑制冲动类似的，转移注意力或是设法保持理智等做法其实反而会助长冲动的情绪，让它变得更加强烈。同时这些做法也会让人产生一种幻念，即只要自己不肯妥协，那么冲动便会一直存在。当我们发现自己在冲动面前打也打不过、躲也躲不起时，一定会觉得自己非常失败。很多人在面临这种处境时,便会感慨自己在习惯的力量面前不堪一击,于是便乖乖投降了。

理论上说,在面临冲动时立刻将自己的注意力转移,看上去并不会对自律不利。许多人都认为转移注意力的效果相当于自我定制了一个"戒毒中心",通过约束情绪波动,从而实现削弱冲动的目的。然而不巧的是,这在现实生活中是行不通的。事实上,过去的几十年间,无数的研究[1]表明,对于思想、情绪和感知的压制,最终只会让它们愈演愈烈。

我们可以通过一个有名的心理学游戏来对上述现象进行

[1] Clark D M, Ball S, Pape D. An experimental investigation of thought suppression[J]. Behaviour research and therapy, 1991, 29(3): 253-257.

Wegner D M, Gold D B. Fanning old flames: emotional and cognitive effects of suppressing thoughts of a past relationship[J]. Journal of personality and social psychology, 1995, 68(5): 782.

Wegner D M, Schneider D J, Carter S R, et al. Paradoxical effects of thought suppression[J]. Journal of personality and social psychology, 1987, 53(1): 5.

Wegner D M, Schneider D J, Knutson B, et al. Polluting the stream of consciousness: The effect of thought suppression on the mind's environment[J]. Cognitive Therapy and Research, 1991, 15(2): 141-152.

Cioffi D, Holloway J. Delayed costs of suppressed pain[J]. Journal of personality and Social Psychology, 1993, 64(2): 274.

诠释。游戏的主要内容就是努力让自己不去想某个关键词，尤其是当听到这个词时。比如游戏规则是"无论如何都不能让自己去想'河马'"。那么可以想见的是，每当参与者们听到"河马"这个字眼，他们就会越发觉得不去想"河马"这件事情简直就是不可能完成的任务。事实上，越是试图回避这种想法，它就越是会折磨着我们。同样的道理也适用于对冲动情绪的回避。

当然，这并不意味着转移注意力和抑制冲动的做法毫无用处——有时候它们也会产生一定效果。但是即使如此，这种与冲动的正面对抗只会带来恼怒和烦躁，无法让人获得冷静与释然。人的内心感受不会说谎，就算再怎么努力，我们都不可能从抑制冲动的过程中获得积极的体验。

因此，我们志在寻求切实有效且可持续的解决方案。对于如何克服冲动来说，"冲动冲浪"就是一个理想的方案。在学习自律的过程中，试着潜心观察冲动情绪，同时注意防止自己沦陷其中——虽然看起来很别扭，但这却是先苦后甜的策略，远比与冲动为敌要舒适得多。不过要做到这一点，首先必须正视冲动，而非一心想着除之而后快。

今后，在感觉到冲动情绪时，我们可以通过执行以下步骤来练习"冲动冲浪"：

- 花一些时间感知自己身体的哪些部位出现了冲动的反应。譬如收听音乐的时候可能会有抖动腿脚或是摇头晃脑的冲动等。如果细心感知的话，我们会发现大多数的冲动都会在身体活动上有所反映。

- 一旦将冲动与反应最明显的身体部位建立起关联后，便集中注意力于该身体部位，细细体会此时的感受。

- 专注呼吸并持续 1 到 2 分钟。

- 将由冲动引发的各种感受想象成一道道海浪，用意念来"观察"这些海浪是如何跟随着冲动情绪的起伏而潮涨潮落的。

- 当冲动平息后，记录一下它的瞬时特征。等下一次出现冲动时，我们会更有信心克服困难坚持到底。

从"冲动冲浪"的经历中，可以收获到的很重要的一点就是，人们所思考和感知的任何事物都是暂时性的，这自然也包括各种欲望。如果忽略了这一事实，便会被欲望和冲动所吓倒。不过如果足够耐心，并相信自己一定能够坚持下去直到风平浪静，那么我们就会发现，"享受"冲动的效果要比转移注意力或是与冲动正面对抗好得多。

比方说饥饿其实也是一种冲动，并且几乎对人没有什么益处，所以它也特别容易令人火冒三丈。当我们开始觉得肚子饿的时候，可能会觉得必须得吃点什么才能恢复正常。不过所有尝试过禁食体验的人都会知道，饥饿其实也只是暂时性的，与其他类型的冲动没有什么差异。

人往往会在百无聊赖时或是工作了一段时间后感到饥饿。当我们饥饿时，肚子的确会咕咕直叫，不过如果再仔细体会一下，我们会发现自己其实也并没有饿到饥肠辘辘、迫切需要补充卡路里的地步。所以只要顺其自然，不要将这种饥饿感视为需要进食的信号，那么饥饿感很快便会自行消退了，而我们依旧活蹦乱跳，并不会饿晕过去。

试着对冲动产生一些兴趣，并多多了解它吧。你会认识到，只要不与冲动对抗或是向其屈服，那么冲动就无法令我们"上头"。只要做到冷眼旁观，便可以将冲动的破坏力消解于无形，大大降低其负面影响。

三、拥抱不适感

在第一章里曾经提到，人的意志力好比肌肉，短期内过度使用的话便会产生疲劳。事实上，这一比喻有着十分积极的含义——既然意志力会像肌肉一样疲劳，那么自然也可以像肌肉一样得到锻炼和强化。

强化意志力最有效的方式之一就是让自己脱离舒适区，这意味着强迫自己做一些不大喜欢的事情，并养成一种习惯。

如此一来，我们便可以渐渐熟悉各种不适感。脱离舒适区的重要之处在于，它能够让我们领悟到，自己内心的恐惧其实并没有想象中那么糟糕。每多获得一次这样的小小领悟，我们对于不适感的耐受度和意志力便会多提升一些。

当然，这并不是在怂恿各位每天都去故意给自己找点苦头吃，而是希望各位认识到，如果平时能够多体验一些不适感，那么当真正的挫折来临时，我们便能更好地加以应对。照此逻辑，我们甚至还可以主动制造一些焦虑和不安，然后试着控制和管理这些情绪，从而锻炼自己掌控不适的能力。

美籍华人蒋甲曾发表过一次高人气的 TED 演讲。在演讲中，他分享了自己是如何主动走出舒适圈，直面自己"害怕被拒绝"的焦虑心理以及由此引发的社交恐惧。为了让自己变得更加自信，蒋甲本着"精心设计且风险可控"的原则，在整整 100 天的时间里，每天花式寻求"被他人拒绝"（包括向陌生人借 100 美元、在快餐店提出"汉堡续杯"的要求、申请在私人住宅后院踢足球等），以求实现对"被拒绝"的"脱敏"。而在经过了 100 天的历练后，蒋甲真的成长为一个更加自信、更懂得感恩和与人为善的更好的自己。

蒋甲克服自己内心恐惧的成功经验同样适用于其他所有人。所有恐惧和不适感其实都可以被视为实现自我突破的契机。如果我们的控制欲很强，那么就试着听从他人的意见；如果我们习惯了被动听命，那么偶尔也要坚持己见，自己拿些主意。总之不管我们之前安于何种状态，都主动尝试一下反向操作吧。

给自己的生活增添一些可控的不适或不安感并非难事。比如在餐厅点餐时，可以选择一些从未尝试过的菜式；或者在沐浴时不开热水，让自己站在凉水中慢慢平复呼吸和情绪；或者在跟人讨价还价时狮子大开口一番；又或者大模大样地走进餐厅，待侍者递上菜单后直接落跑——那段通向出口的路应该特别漫长吧？

偶尔的率性而为或是做一些与自己的人设不符的事情便能够让自己走出舒适圈，发现外面的世界其实也不赖。如果我们笨手笨脚不喜欢跳舞，那么就给自己报名一个舞蹈班。

最坏的结果无非就是让同班的一群舞蹈菜鸟们知道我们并不是块跳舞的料——根本没人会在意。反倒是如果我们稍微试着努力一下，也许便能受到老师和同学们的温柔相待，而非此前一直担心的引起尴尬或是遭人排挤。

再次强调，自律并不是件惬意的事。学会让自己与各种不适感达成和解，是有效提升自律能力的最佳方式之一。不同的人会有不同的恐惧、不安和不适感，很多人终其一生都在回避这些情绪，同时也在回避中埋没了自己的潜力。如果你希望充分发挥自己全部的潜能，那么就要开始学习直面恐惧，主动拥抱各种不适感。

随着自己的意志力越练越强，我们便可以尝试改正一些坏习惯了。这一过程中自然少不了与各种冲动情绪的正面遭遇，不过此时我们已经具备了足以抵制诱惑的强大意志力，所以驾驭冲动便会像驾驭帆板一样得心应手。如果你常常出于恐惧而试图通过转移注意力等方式回避情绪冲动，那么就去正面挑战内心的恐惧感吧，这是实现自我突破和改善的绝佳机会。

不适感，以及为了克服不适感而付出的努力，将会不断塑造和成就着我们。作为本书读者的你，一定希望自己变得更加自律。既然如此，那么是时候学习如何与不适感和谐相处了。

画重点

- 自律从本质上来说是一件令人不适的行为，因此，像锻炼肌肉一样锻炼自己应对不适感的能力很有意义。应对不适感最有效的方式之一就是练习"冲动冲浪"，其效果远比一味抵制冲动的作用更佳。此外，我们还可以模仿蒋甲创造的"拒绝疗法"，或是干脆为自己制造一些窘境（通常在公众场合），从而迫使自己设法应对。

自律，一种可以养成的习惯

The Science of Self-Discipline

第六章　如何构建自律的环境

除了一些显而易见的有关精神力和意志力的因素外，自律还涉及很多其他方面。这其中一个非常重要的因素就是个人所处的环境。对于自律来说，环境因素既可能起到推动作用，又可能产生一定的破坏，要说一丝影响都没有是不大可能的。

认识到环境也是影响个人成功的因素后，我们就要告诫自己不要将自己置于危险的环境。实现自我改善的一个最简单的方式就是试着构建有益于自律的周边环境并加以保持。环境的塑造是与意志力的培养和提升同样重要的内容，而良好的环境一旦形成，那么即使不依赖自律，同样可以产生理想的行为或结果——这就是种瓜得瓜、种豆得豆。

涵养意志力意味着排除成功之路上的各种干扰和诱惑。

对于一些简单明了的情况，理解起来并不难 —— 比如当我们需要降低碳水化合物的摄取时，一定不会走进意式餐厅享用私房意大利面。同样，当我们决定瘦身时，经常去健身房报到一定比在冰激凌店周围晃悠要有益得多。不过对于自律来说，还有一些隐性的环境因素有待进一步改善，这就是本章将要详细展开的。

我们知道，在任何情况下都要避免无谓地测试和消耗自己的意志力。从这一点上来说，为自己营造一个理想的环境，便可以实现事半功倍的效果。

一、将外界干扰降至最低

人们通常认为外界干扰可能会对自律有所帮助。既然意志力是有限的，那么照理说应该经常让自己休息和放松一下，将注意力从冲动和诱惑中转移出来。

斯坦福商学院的市场营销学教授柯克·希夫通过一项研

究展示了外界干扰将会对人产生何种影响。该实验的内容是让所有参与者们从巧克力蛋糕或是水果二者中任选其一。不过在此之前，希夫选择了一组参与者，让他们在做出选择之前先记忆一组电话号码。实验结果发现，记忆号码的一组参与者在受到干扰的情况下，选择巧克力蛋糕的比例相比对照组的参与者们要高50%。这一结论说明，注意力集中是保持自律的一项基本前提。

如果你经常心猿意马，那么可能早在意志力发挥作用之前，便已经败给各种诱惑了。如果自律形同虚设，那么无论我们的初衷再怎么美好，都会在诱惑面前一触即溃。精力分散会让我们在不知不觉间变得心神不宁。这一过程通常难以察觉，于是自律便在悄然间不断流逝，直至将自己此前所有的努力毁于一旦。

精心设计的超市结账通道是一个依靠转移客户注意力谋利的经典案例。无论此前在货架上选购商品时，我们的选择有多么健康合理，都很难保证自己在面对结账区两旁的糖果、巧克力和零食时可以全身而退。因为这一时刻十分接近购物的尾声，我们的大脑可能已经开始提前考虑离开超市以后的安排了，而此时突然映入眼帘的、廉价而诱人的小零食们可就出现得太是时候、太考验自律能力了。

了解到以上的知识点以后，我们又应该做些什么呢？如果我们的工作环境凌乱不堪，那么就把它好好收拾干净。桌面干净则头脑清醒，头脑清醒则自律无比。康奈尔大学开展的一项研究通过一些令人信服的案例证实了"眼不见为净"的理念对于改善自律的有效性。这一结论广泛适用于多种场合，整洁的桌面仅是其中一例。

在上述研究中，每位被试者都被分配了一罐好时巧克力。这些罐子有的透明、有的不透明；有的就放在被试者面前的桌子上，有的则放在距离被试者2米以外的位置。实验发现，对于放在桌子上的罐子来说，透明罐子里的巧克力平均每天会被吃掉7.7块，不透明罐子里的巧克力平均每天会被吃掉4.6块；而对于远离桌子放置的罐子来说，透明和不透明罐子里的巧克力消耗量则分别为平均每天5.6块和平均每天3.1块。

令人感到惊讶的是，根据被试者们的反馈，那些距离罐子更远的人反而觉得自己吃的巧克力数量更多，这显然是与事实相反的。而这一差异恰恰为如何改善自律能力提供了一个非常重要的参考线索，那就是——我们可以利用自己的惰性来铲除各种诱惑的生存空间。比如我们可能无法对某些诱惑彻底视而不见，但如果接近这种诱惑需要付出很大气力的话，那么我们付诸实际行动的可能性就大大降低了。此外，惰性也有助于消除一些隐性的自律问题——而通常这些问题都是最难察觉、破坏力也最强的。

如果将曲奇铁罐摆放在触手可及的位置，那么人们很可能会不假思索地把它提溜起来。因此在构建自律环境的时候一定要注意避免出现这种场景。比如将甜点放在一个距离较远的橱柜里，那么虽然无法完全消除其带来的诱惑，但是至少让人不得不为此付出很多代价，这样情况便大为改观了。

我们的终极目标，是构建一个不存在任何干扰和诱惑的环境。只需要设法消除那些容易造成自律的无谓和无效消耗的环境因素，即可大幅提升自己的自律能力。这一做法适用于我们的桌子、我们的工作区域、我们的办公室、我们的视野所及，甚至我们的电脑桌面。尽可能地消除身边所有的干扰因素，然后忘记它们。如此一来，我们便只剩下三件事情可做——提升自律、感受无聊，以及沉迷于工作。

二、多巴胺管理

当我们体验快感时，大脑会分泌一种名叫多巴胺的激素。可能你也有所耳闻，多巴胺多与性、毒品以及摇滚有关——这些都是人类十分受用的享乐方式。多巴胺会让我们产生快感，而这种快感又会诱使大脑越发偏爱那些容易引发多巴胺分泌的行为。人的天性总是追求快乐的，所以追求多巴胺便成为第一优先，其他事情统统要给它让路。

运动、冥想或是降低糖分摄入等良好的习惯同样可以刺激多巴胺的分泌，这些都是良性的循环。不过一味追求多巴胺同样可能带来极大害处，尤其是在当今这个科学技术和社交媒体都高度发达的现代社会里。事实上我们现在已经深陷其中了。无论是加工食品还是网络色情，几乎所有有利可图的生意都是利用了人类大脑基于多巴胺分泌的奖赏机制，令人为之上瘾。

如果我们没有意识到长期追求多巴胺分泌的危害，或者没有采取任何缓解措施，那么就会被无处不在的追求多巴胺的冲动牵住鼻子。即使是像"查看谁点赞了自己的朋友圈"这样的小事也会迅速发展成为一种不停想要刷新动态的"痒"。日常生活中我们会不假思索地将大量时间花费在追求这种小小的快感上面，而对应当完成的一些正事却漫不经心。这种下意识的对多巴胺的迷恋将会弱化我们的自律能力和工作效率。

以 B.F. 斯金纳为首的心理学家们开展了一系列广为人知的行为心理学研究，证明多巴胺在习惯（无论好坏）的养成过程中发挥着基础性作用。斯金纳和其他心理学家们基于对小白鼠行为的仔细观察，发现了许多有趣的行为现象。比如缺少了多巴胺受体的小白鼠们很难培养起自己的习惯；而另一个极端则是，如果给小白鼠们提供一个可以直接刺激到多巴胺受体的杠杆，那么它们会以一小时数千次的频率疯狂地按动杠杆。这些小白鼠把多巴胺看得远比食物、水和繁育子嗣更为重要。事实上，如果实验条件允许的话，这些小白鼠们只怕会永远这样一刻不停地按动杠杆，直到笑着去世。

对于人类来说，除了快感本身外，对于快感的预期同样可以促进多巴胺的分泌。毫无悬念的事物总是会令人觉得无聊，而新鲜感则会让人躁动不安，从而引发更加强烈的多巴胺反应。由于多巴胺的分泌强度与重复相关行为的意愿有着紧密联系，因此多巴胺也被视作强化个体行为的重要因素。

诸如海洛因之类的高危毒品便是一个明证。有些人仅仅吸食了一次便从此无法自拔，就是因为毒品对于多巴胺的影响实在太过强大。

多巴胺是如何影响到当今人们的生活呢？所有社交媒体的互动——点赞、评论、私信，甚至只是滚动刷新便可以让人获得些许多巴胺的刺激。许多社交平台是以用户的"网站停留时间"——也即用户在该平台花费的时间为盈利指标，于是这些平台便会不断优化升级，以便更加充分地攫取用户们的多巴胺反馈。毕竟只有让用户产生心理依赖，才能令平台有利可图。

我们必须了解上述利用人类多巴胺系统谋利的套路，并采取相应的防范和限制措施。所以重点是构建一个良好的环境，让自己与这些多巴胺刺激形成有效隔离。

不过另一方面，我们也可以设法让大脑的这一套奖励机制为己所用：比如对自己的积极行为予以适当奖励，这样便可以继续强化这种良好习惯，这远比沉浸在各种廉价的多巴胺刺激中虚度一整天要更加可取。很显然，对于社交媒体的使用必须施加限制。

有的戒毒所里会流行一种名为"鱼缸"的博彩游戏，这实际上就是采取新颖的奖励手段来强化个体行为的一种做法①。所有坚持治疗方案并抵制毒瘾复发的患者们都可以获得

----

① Petry N M. A comparison of treatment - seeking pathological gamblers based on preferred gambling activity[J]. Addiction, 2003, 98(5): 645-655.

一次从"鱼缸"抽奖的机会，奖品从 100 美元到 1 美元不等。即使没有中奖，也可以得到诸如"干得漂亮""再接再厉"之类的称赞和鼓励。研究证明，这一做法取得了良好的成效。所有参与"鱼缸"游戏的患者中 83% 的人都能够顺利完成戒毒治疗，而在不参加游戏的患者中，这一比例只有 20%。

　　我们也可以为自己定制一个"鱼缸"，用于强化某些良好的习惯或决策。比如说在完成一项必要但无趣的任务后给自己一点小小的奖励，哪怕只是拿一顶帽子和一些小纸条来做个抽奖游戏。如果你一直对健身提不起兴趣，那么就约上朋友一起去健身房吧，如此一来"健身"便与"跟喜欢的人一起玩"挂上了钩，这种小小的"奖励"将会带来大大的不同，让自己从此对健身房更加期待。

　　试着在脑海中整理一下所有能够让我们打起精神追求多巴胺的因素，然后尽可能利用好它们，为自己带来助益。如果你喜欢在工作时吃零食，那么试着将这种乐趣作为突破某个关键节点，或是完成某项重要任务后给自己的打赏。利用一些小小的、逐步递增的奖励不断强化自己的良好习惯，那么便能让行为和自律得到明显改善。

三、将积极的行动设为默认值

如何更好地构建自律环境呢？这取决于我们对于"自动决策"机制的理解。

为了说明这一点，我们先来关注一项对欧洲 11 个国家的器官捐献者的研究的发现。数据显示，如果将捐献意愿表上的默认选项设为"同意参加器官捐献"，那么每个国家统计出来的器官捐献的参与度都高达 95% 以上；而反之，如果将默认选项调整为"不参加器官捐献"，那么 11 国中参与度最高的也不过 27% 而已。这一结果表明，即使在面对是否参加器官捐献的严肃决定时，人们做出的选择也不一定来自真实意愿，而可能只是为了图省事而选择了不需要额外费力的默认选项。

同理，"将良好的行为设为默认选项"这一概念也可以应用到自律的培养上。人的惰性会令我们更倾向于选择近在眼前的事物。因此，我们要做的就是为所有有益的活动创造更加便利的条件，同时尽可能地提高自己做出不利抉择的门槛。

所谓的默认选项是指无须当事人额外表示，或者对于当事人来说最省力的选择。广义上的默认选项还包括规范的行为或是推荐的操作等。大量的实验和观察研究都表明，只要将某一选项设定为默认，那么便可有效提升其被选中的概率。这一现象也被称为"默认效应"。做决策是一件耗费精力的事情，所以人们通常会为了省心省力而选择默认选项，特别是对于那些自己不甚了解的领域。

因此，为了构建更加自律的环境，可以从对各种默认选项的进一步优化上开始着手。我们可能自认为绝大多数的决策都是自己做主的，然而现实却并非如此。实际上，相当数量的决策仅仅是当事人对于自身所处环境而做出的反应。

如果你常常因为社交媒体而分心，那么可以将手机里相关应用的图标拖到桌面的最后一页，这样在使用手机的时候就不会总是看到它们。更加绝妙的是，我们还可以每次用完这些应用后便退出账号，或是干脆对这些应用"随用随删"，这样就只会在真正必要的时候才会使用它们，而不用将它们留在手机里让自己时刻觉得心里痒痒。

如果你习惯于工作的时候时不时地拿起手机来看，那么就把手机屏幕朝下然后放在离自己足够远的位置，远到你必须站起身来才能够到。而如果你想要多加练习小提琴，那么就一直把琴放在桌上，乐谱也保持打开的状态。如果你想要经常清洁牙齿，那么就在你的背包里放些牙线、在你的浴室里放些牙线、在你的床头柜和沙发上都放些牙线。

诸如上述这些利用"默认效应"强化自律的案例可谓数不胜数，而且这些都不需要花费太多意志力便可完成。再举一例，如果将薯片和甜点堂而皇之地摆放在厨房的台子上，那么它们便成了我们每次走进厨房找东西解馋时的默认选项。而将这些垃圾零食收纳起来（或是干脆别买），并用一些水果代替的话，那么我们便更容易养成多吃水果少吃垃圾食品的习惯。如果这样还不够的话，那就在浴室门口也安装一个抽拉式的小吧台吧。

　　如果我们在冰箱里塞满了碳酸饮料和果汁，那么它们便成为我们每次打开冰箱找饮料时的默认选项。不过如果将这些选项移除，那么我们便会多喝水或者经常泡茶了。想要多摄入一些维生素吗？把它们放在牙刷旁边，这样就更容易拿到啦。

　　如果我们成天坐在电脑桌前，腰椎告急，那么经常站起身来走动走动会很有好处。如何将其设为默认选项呢？比如可以经常喝水，这样就必须得经常起来上洗手间；又或许可以在手机上设一个倒计时的闹铃，然后再把手机放远一些，于是当闹铃响起时，我们便不得不站起身来关掉它。

　　一口气说了这么多，无非都是在探讨如何实现既省心又省力地构建起积极的自律环境。以上总结的实现环境改善的两大要点：一是消减各种引起混乱与干扰的因素；二是利用"默认效应"来优化决策。

降低周围环境中的干扰因素有助于让人保持清醒的头脑，从而提升专注力、工作效率和生产力。更进一步，我们可以善加利用多巴胺的反馈机制强化自己的良好习惯，同时逐步减少对于一些廉价快感的无脑追求。最后，还可以利用"默认效应"让自己不费吹灰之力便能做出各种有利的选择。

上述策略能够让我们尽可能地节省对自律资源的消耗，以便将其运用于更加重大的日常挑战中。毕竟，如果可以运用迂回战术的话，又何必非要去消耗自己宝贵的意志力呢？

画重点

- 水能载舟、亦能覆舟。我们为自己所构建的周边环境对于自律的培养来说，是一把杀伤力极强的双刃剑。我们需要战略性地运用"眼不见为净"的策略消除各种外界干扰，降低来自多巴胺的刺激以使自己更加专注，同时还要设计一条最为便捷省事的路径以便做出最佳的决策。

自律，一种可以养成的习惯
The Science of Self-Discipline
第七章　利用社交环境强化自律

正如上一章中提到的，人们并不总是像自己认为的那样对所有决策都了然于胸。许多人终其一生都以为自己对所有决定都拿捏得很好，而在他们看来，做决策的依据许多情况下是基于常识判断，另外也可能出自个人的独特经历和观点。

然而，大量的事实证明，人们的决策往往并不是完全自主的，而是会受到身边人物的明显影响。这种现象可称为"朋辈压力""社会期望"或更加直白的"从众心理"。不管怎样，社会关系都应当被视为一个能够促进或削弱人们自律能力的重要因素。

著名的"阿希从众实验"有力地证明了个体是如何受到周围众人影响的。该实验将被试者进行分组，然后开展一项视觉测试。测试本身毫无难度，答案异常明显。然而研究人员事先在每一组中安插了许多"暗桩"，这些"暗桩"会在测试时统一给出一个错误的答案。然后，在看到这群同伴给出的错误答案后，超过三成的真实被试者最终也会给出错误答案。这就意味着，这些人放弃了自己的常识判断和观点，选择了从众。

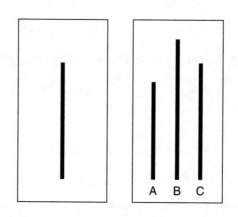

来自 Courtesy of Simplypsychology.com

从上图可以看出，答案是一目了然的。那么能够让被试者们改变主意选择错误答案的，除了来自从众心理的压力外，还会有什么呢？很多显而易见的事情，由于他人的异见，便令当事人陷入了自我怀疑："是我哪里看漏了吗？"人善于藏拙，且不喜欢受到排斥，这就导致了他们对铁一般的事实视而不见，而情愿追随大流。

另一项流行病学研究 —— 弗雷明翰心脏研究则通过对研究对象们长达54年的长期观察，得出了一些惊人的结论 —— 如果研究对象的朋友中有肥胖患者，则该研究对象罹患肥胖症的风险将比常人高171%。对于女性来说，如果姊妹中有人是肥胖患者，则其本人罹患肥胖症的风险将比常人高67%；而对于男性来说，如果兄弟中有人是肥胖患者，则其本人罹患肥胖症的风险将比常人高45%。抛开家族遗传因素不谈，我们还能发现当事人在生活习惯和方式上会被身边的亲友同化。他们会因彼此关系密切而形成一个生态上的攻守同盟，喜欢共同喜欢的，排斥共同排斥的。说到这里，但愿你所处的生态同盟里充满着健康的生活方式和自律氛围。

我们的身边人（比如家人）会在有意无意间，对我们的自律和决策造成不可忽视的影响。明明觉得自己的一举一动都是出于"自由意志"，但实际上这些可能都只是在对周遭人群进行模仿而已，这一发现确实令人大跌眼镜。

一、优化自己的关系网

我们无法选择家人，但我们可以选择闲暇时间与谁相伴。我们应当对经常交往的对象有所筛选。我们无法改变家人，但是我们可以调整与他们相处的时间，尤其是当我们已经发觉某些家庭成员正在做出不良示范时。除了家人外，我们在选择朋友的时候显然也需要多动动脑子，以便充分利用这些亲密人物的重要影响力，不断促进我们做出更加积极有利的决策。

脑部扫描研究显示，人们无论是在想着母亲，还是在想着自己的时候，大脑中被激活的都是同样的一块脑区。看起来，人类的大脑似乎在以同样的方式看待他人（至少是近亲或挚友）与看待自己。这就明确解释了为何身边亲友的一举一动会如此具有感染力。当身边人在做某事的时候，我们也会产生实实在在的参与感和行动欲。我们的行为、思想和自我意识无时无刻不在受到他人的影响，这可真是令人感到细思恐极。再次重申一下，但愿你总是被这个世界温柔相待。

　　由于社交压力而导致不良行为的例子不胜枚举。我们常常听说某某青少年出于朋辈压力而做出某些龌龊事情。当然，我们同样也能找出一些积极的案例，比如运动队以及军队等。在一支球队里，为了与队友们并肩作战，每个人都不想拖其他人的后腿，因此都会竭尽全力。而对于人民、国家和理想信念的无限忠诚，也将会转化为构建起坚强自律的力量之源。

　　"评估一个人，只要把和他相处最久的五个人的数据平均一下便可以了。"无论是否听说过这句话，我们都应该认识到，人类的大脑往往会将"本我"和亲近的人视为一体。由此我们甚至能够推导出一个合乎逻辑的结论，即个人的见解对自身行为和习惯的确立仅拥有六分之一的决定权，而剩下的六分之五则取决于他人。在被刷新认知之余，我们应当怎样运用这一原理改善自己的日常行为呢？

　　要多与自己崇拜和仰望的人交往，而非那些我们所鄙视以及拖我们后腿的人——这样做绝不仅仅只是为了培养自律。如果你发现自己已经是朋友圈里最有成就或是最为出类拔萃的人物，那么是时候让自己跳出这个圈子了。

三人行必有我师，我们总能找到可以和自己取长补短的同伴。此外，我们还应当和总是积极向上并时刻鼓励我们追逐梦想的朋友们交好。不管怎样，他们都是一股促使我们健康向上的力量。

二、责任伙伴

除了优化自己的社交关系网之外，我们还可以试着重点加强和自己的直接负责人之间的关系。由于需要向他们汇报、对他们负责，因此他们会促使我们履行承诺并始终向着目标前进。

匹兹堡大学曾经实施过一次瘦身干预研究。该研究要求所有参与者们必须和一位同样需要瘦身的亲友组成搭档。研究开始后，某一组接到的任务是从事"支持工作"，也即搭档之间要进行相互鼓励，对于同伴在诸如饮食或健身等方面表现出的自律，更要表示热烈庆祝。这就是所谓的"责任伙伴"。而其他的组别则无须承担这种"支持工作"。结果发现，在研究项目宣告结束的 10 个月后，曾经一起相互支持鼓励的组别中，66% 的成员都能够持续保持瘦身，而其他组别中只有 24% 的成员能够做到这点。

对此我们可以得出的结论是，一时的瘦身成功，并不能保证效果能够一直持续。而一个充满支持鼓励的氛围，才会让人的思想和情绪充满自律的韧劲。

如果能够找到合拍的责任伙伴，那么我们彼此都会成为帮助对方取得成功的巨大动力。这一动力是由一系列足以影响个体行为的元素交织而成的——包括"不想令同伴失望"的社交压力，以及大脑在潜意识中对于身边人物的模仿等。这其中的关键要义在于要互相给予对方持续的、积极向上的支持：鼓励、庆祝、赞赏等。当然，赞扬和褒奖也是要靠自己的努力换来的。如果不希望让身边的亲友们感到失望，那么就让自己更加投入、更加努力地奋斗吧。

马拉松长跑可能是对身体机能最大的挑战之一了。而在备战时的一个关键点就在于必须让自己身临其境，用脚部丈量里程。试想在一个寒冷的清晨，你被急促的闹钟吵醒。对于你来说，抱着"今天就不跑了，下次再补吧"的念头继续赖在被窝里当然是最容易的选择。不过，如果你有一个搭档，而且此时她已经出了门，正赶往你们约定的地点等你一起训练，那么你真的忍心让她就这么一直被晾着吗？

请注意，正是由于怀着你会前来赴约的预期，才使得你的搭档也获得了起床的动力。所以你俩加在一起，一定能够取得了不起的成就。即使你的跑步搭档不一定每天都有空陪你，你也同样可以从其他人（譬如每天为你的晨跑打卡的伙计）那里寻得坚持训练的动力。这将会是促使你驰而不息的另一道保险措施。具体来说，责任伙伴能否发挥作用，取决于搭档之间有否不断地进行工作交流、能否充分利用好你们作为一个整体的相互羁绊，以及是否不希望自己的表现令对方失望。

话说回来，是不是只要将自己的奋斗目标告诉他人，便可以变相地起到责任伙伴的作用呢？可能有些人会认为，只要将自己的计划（譬如在岁末年初时许下的承诺）公之于众，便足以产生足够的社会压力来让自己按计划行事。然而事实上，将自己的目标诉诸他人，反倒有可能让成功的概率变得更小。

究其原因，当我们把自己的目标——比如说减重 25 磅，或是参加马拉松比赛等告诉别人后，通常都会获得对方的称赞与祝贺，以及一句热情的"加油"。不过在这种情况下，我们可能会在心中产生一定的成就感，因为我们可能会觉得自己已经成功履行了"告知他人"的责任。而这种成就感恰恰会给我们的意志力和自律造成负面冲击。简言之，人们在将自己的目标告知他人的同时，也会失去一部分前进的动力，从而降低了获得成功的可能性。而个中原因可能在于，来自他人的认可激活了当事人内心的某种奖励机制，使得那些带来快感的荷尔蒙被过早地释放出来了。

纽约大学教授彼得·戈尔维策是研究"目标如何影响行

为"的专家。他曾招募 63 名参与者开展了 4 项研究，结果
发现，相较于那些将自己的目标告知他人并获得对方赞许的
人们来说，对自己的目标秘而不宣的人们获得成功的概率更
高。他总结道，"将目标告知他人"这一做法，可能会令人
过早地产生一种"完成任务"的感觉。这一作用机制是基于
大脑中用于塑造自我人设的"身份符号"，而生成这种"符
号"的途径包括谈话和行动等。因此，"谈论目标"会产生和
"完成目标"类似的"身份符号"，于是大脑便会因接收到身
份符号而陷入满足状态，不会继续惦记着要获得更多的"符
号"了。

另一项相关研究发现，如果某个目标包含了一组子目标，
那么一旦实现了其中一个子目标，当事人对于其余目标的追
求便会放缓。举例来说，为了改善健康状况，我们可能决心
既要吃得更加健康，又要经常光顾健身房。那么我们会发现，
当我们在健康饮食方面取得成功后，继续坚持锻炼的动力却
会随之消减。因为我们现在可以用"中午只吃了一碗沙拉"
来为自己晚上翘掉健身课开脱了。

如果我们的总体目标是要改善健康的话，那么健康的饮食便足以给到大脑一些理想的"符号"了。

这意味着什么呢？

无论我们有多么强烈的分享交流欲望，都应该设法将自己的目标当作秘密来守护。不过与此同时，也要与他人加强互动，让他们参与到我们的奋斗过程中来。如果在不经意间泄露了计划，那么至少也应确保这样做不会引来他人的称赞。相反的，当我们在努力过程中遇到任何不如意时，倒是可以和周围的人诉诉苦，这样他们便会给予我们支持鼓励，以免我们偏离目标。

将挫折向责任伙伴倾诉的话效果会更好。责任伙伴是不会毫无根据地向我们表示赞美和祝贺的，除非我们确实取得了成就。而持续的社会压力以及不想让搭档失望的心态将会让我们产生前进的动力。再次试想一下那个寒冷的清晨，在你纠结是否要起床跑步时，你觉得下列哪项事实会给你带来起床的动力呢？是你几周前告诉过某人自己的长跑计划，还是你的搭档现在正在凛冽的寒风中瑟瑟发抖地等待着你的出现呢？

三、霍桑效应

研究表明，当人们意识到自己正在被关注或被观察的时候，会刻意去改变一些行为。20 世纪 30 年代，霍桑工程电气公司开展了一项关于生产力驱动要素的研究。当研究人员把车间的灯打开时，工人们的产量突然出现了飙升。而正当研究人员以为发现了新大陆时，后续的观察却显示，把灯关闭后工人们的产量依旧维持在高位，这种现象令人十分困惑。

20 年后，亨利·兰兹伯格在对相关数据进行分析后提出了所谓的"霍桑效应"。兰兹伯格认为，生产力的提升与灯光的明暗并无关联，而工人的表现之所以发生变化，是因为他们意识到自己正在受到观察。车间灯光的亮灭表明有人正在观察他们，而一旦意识到自己正处于被监视的状态，工人们便会更加努力地工作。

于是我们可以利用这一原则，让自己的行动可以被更多的人看到。拿 Runkeeper 和 Fitbit 这样的运动应用为例，它们不仅可以记录跑步活动、里程数以及步数，同时还能将它们发布在朋友圈里。这就相当于给自己配备了几个陪练伙伴。它们会时刻监控我们是否正在做该做的事情，而我们当然不想看到它们最后呈现的是令人失望的数据。

我们还可以设想自己为了减肥而正在减少碳水化合物的摄入。向你的朋友和同事们宣布你将要和比萨饼、百吉饼和苏打水决裂吧，然后把这些内容都贴进一封连锁邮件中，并别忘了附上一个显示自己每日卡路里摄入和运动质量数据的图表链接。如此一来，大家对你的关注便会转化为你保持自律的强大动力，令你时刻处于警醒状态。

一言以蔽之：我们会在众目睽睽之下掏鼻孔吗？不会的吧？所以请尽可能地让自己的行动被更多人观察到，如此一来社会压力和自尊心便会驱使我们努力奋斗，无须自律能力的过多介入。

四、行为模范

最后一个有效挖掘周围环境积极影响的办法就是寻找到一位行为模范或是导师。

行为模范指的是我们所崇敬或仰慕的某位人物，他的行事风格给我们树立了一个标杆。与这样的偶像建立联系可能未必如想象中那么困难。可能一次热情的恭维便能够让他乐意为我们腾出时间来指点一二。我们与偶像之间甚至都无须建立起什么正式或者非正式的关系，只要他始终是我们的崇拜对象，我们就会在其感染下不断地提升自己。

即使我们在现实生活中并没有发现什么行为模范，同样也可以试着凭借自己的想象虚构出一个理想的标杆。在这一过程中我们会对自己所追寻的目标产生更为清晰的理解。此外，当我们遇到困难时，也可以通过想象"假设我的偶像面临这种情况，他会如何处理"这样的方式帮助自己更加直观地分析问题。

　　我们可能会觉得寻找行为模范的做法比较适合儿童阶段，不过事实上这种事情是没有年龄限制的。成年人也可以，而且应当树立自己的行为模范。我们在人生的每一个阶段都会遭遇不同的挑战，所以如果能从有经验的成功者身上获取"通关攻略"，那将会是十分可贵的。同样这也是最为有效率的学习方式。因为相比自己摸着石头过河来说，如果有位导师能够根据我们的实际情况提出个性化的建议，那真是再好不过了。

　　我们的导师对于自身的成功和失败经历，以及如何保持自律和克服困难等话题的分享，很可能会完全颠覆我们的三观。他会让我们了解到，解决问题的方案未必只有一种；同时我们也能发现那些曾经让自己停滞不前的各种问题不过只是掩耳盗铃而已。最好的行为模范就像一面镜子一样——他会提供给我们一个映射和对比，从而让我们意识到自己与标杆之间的差距。

行为模范的特质和行为同样也有助于我们取得成功。我们会对成功者的投入、自律、自信、爱心、勇气以及乐观等品质深表钦佩，然后试图模仿和复制他们。幸运的是，品质和习惯是可以被复制的，因此榜样的力量会让我们成为更加强大和自律的人。

我们当然有权决定自己想要过怎样的生活。不过许多强有力的证据表明，如果能够策略性地让自己的身边多一些支持者、挑战者和行为模范，我们的生活将会获得明显的收益。我们甚至可以将这些人看作一个专属于自己的"监事会"，虽然世上没有谁能够呼风唤雨、无所不能，但我们的确需要一些身边人（哪怕只有一位）在我们面临挑战的时候为我们掌掌眼、出出主意。

画重点

- 除了周边环境之外，我们还会受到各种社会关系的影响。我们的社交圈定义了什么是可接纳的、什么是有帮助的，以及什么是不利的。我们无法选择自己的家庭，但是可以选择与谁相处得更多。同时试着主动寻找人生导师和行为模范，从而不断弥补自身缺陷吧。

第八章　将最好吃的放在最后

本章将要介绍的是如何实现"延迟满足"。

培养自律生活方式的一个核心要义就是要始终将长期收益置于短期快感之上。也就是说，要舍弃一些即时的满足，用以换取更大的长远利益。从这个意义上说，延迟满足往往意味着人们需要摒弃畏难情绪，主动接受挑战并忍受各种不适感。

事实上，延迟满足也可看作定义自律的另一个维度，因为二者的运行机制和最终结果趋于一致。人们可以为了达成未来的某个目标而暂时忍受当前的不适，这一过程中不但需要意志坚定，而且还要不断挑战极限和超越预期。延迟满足与自律始终是如影随形的，它们是相辅相成、不可分割的两个概念。

本章将会详细介绍如何才能积极地为自己谋取长远利益——而这正是人们选择一时隐忍和延迟满足的意义所在。

一、斯坦福棉花糖实验

延迟满足并不仅是一种行为，它更加是一种能力。本书第一章中提及的著名研究——斯坦福棉花糖实验对此做了绝佳的诠释。这一实验是如此具有开创性，以至于只要一提及"棉花糖实验"，人们便会露出心领神会的表情。

棉花糖实验最早是由心理学家沃尔特·米歇尔于 20 世纪 60 年代首创，而持续 40 多年的一系列后续观察发现则更是将其真正发扬光大。

该研究的原始实验非常简单。研究人员招募了一群儿童作为被试，并给他们每人发放了一块棉花糖。孩子们有两个选择：立刻享用棉花糖，或是在耐心等待一段时间后可以额外获取一块棉花糖作为奖励。交代完规则后，研究人员便会离开房间，给予孩子们 15 分钟左右的时间做出自己的选择。实验结果发现，那些选择了等待也即延迟满足的孩子们恰巧也是文化课学习和性格测试中的高分得主。换句话说，拥有延迟满足的能力和优秀的个人表现之间呈现出了极高程度的相关性。

若干年过去，棉花糖实验的被试者们已经由学龄前儿童成长为青年才俊。而米歇尔教授和他的团队又对这批年轻人进行了跟踪调研，记录下了他们的每一次成功与挫折，以及日常生活中的总体表现。结果发现，当初在棉花糖实验中选择延迟满足的那群孩子即使到了青年时期，也仍然给出了相对于其他被试者更加优秀的表现：更高的高考分数、更低的药物滥用率和肥胖率、更强的压力管理能力和专注力，以及在其他许多方面取得更高的成就。

另一个有趣的发现是，在对自家孩子在棉花糖实验中的表现毫不知情的情况下，选择了延迟满足的孩子的父母们对于自家孩子在个人能力方面的评价也比选择即时满足的孩子的父母对自家孩子的评价要高。在此后的 40 年里，研究团队再次沉下心来组织了第二次棉花糖实验，结果同样大获成功，无论以何种能力指标来衡量都是如此。

斯坦福棉花糖实验及其后续研究证实了，延迟满足是助力个人成功以及实现更高成就的必备技能。因此，我们应当在自己的目标达成之前，有意识地回避和延迟各种愉悦和褒奖行为。当然，有时候选择"先易后难"的策略，可能会有助于克服惰性，或是在遭遇困难时为自己加油鼓劲，不过如果选择"先难后易"的话，我们将会获得更加强大的动力来完成目标并保持自律。

请试想一下延迟满足还可以为我们的日常生活带来哪些改善呢？

比如我们可以将自己最爱的电视剧的大结局留到做完作业后再收看。如此一来我们的专注度和学习效率将会大大提升，从而获得更佳的学习效果和成绩。而且如果先将作业完成的话，我们随后便可以在毫无压力的状态下尽情享受追剧的快乐了。

再以健身为例，每当自己想要停止锻炼的时候，不妨试着让自己再多做几组力量训练，那么我们将在体能和精神上双双受益。尽量克制自己想要早点收工的念头，在跑步机上继续挑战一番吧，这样便能收获更好的健身效果。走出健身房后，也不要饥不择食地一头钻进快餐店，还是回家亲自下厨做一顿营养丰富的美餐吧。

不过可惜的是，在现实生活中，很多收益并不是即时体现且易于感知的。我们往往会面临很多更加长期和宏观的延迟满足，譬如选择进入医学院深造，那么往往要等到三十好几的年纪才会修成正果；再如为了购买心仪的住宅，可以选择二手车而非新车代步，但接下来还是得数年如一日地省吃俭用才有可能攒够首付。实际上，选择延迟满足的过程与培养自律的过程有着异曲同工之妙。

学会延迟满足，将会让我们展现出更佳的自律能力，这同样也是想要成为任何领域中出类拔萃者的必备素养。大多数人所缺乏的，同时也是人们难以自律的原因之一，就在于

没有将自己当前忍受的各种不适与今后所能获得的收益之间
建立起明确的、可信的联系。

我们可以先试着了解自己的价值观，以及对自己来说最
重要的事。正如之前的章节在介绍行为动机时所提到的，个
人的真实动机未必与自己设想的一致。我们可能会像特蕾莎
修女一样追求社会事业，也可能会像戈登·杰科①一样一头扎
进钱眼里。无论如何，最重要的是知道自己要什么，并时刻
做好短期收益和长期收益之间的权衡。有时候我们甚至还可
以主动地为自己设计一些阶段性的奖励。

保持积极向上的状态，久而久之，自律便会成为一件轻
而易举且水到渠成的事情。如果你以前一直都是每餐饭前先
享用最爱吃的甜点，那么现在应该颠覆自己的习惯，将甜点
放到最后再吃。从长期来看，一切都是值得的。

_____

① 电影《华尔街：金钱永不眠》中的人物。——译者注

二、为未来的自己筹谋

培养自律能力之所以困难，其实难就难在如何在长期福利与即时快感之间做出正确选择。关于这一点，有一种解释是，人们难以对未来的自己产生认同与共情。而事实上，有研究表明，只要试着将未来的自己想象得更加生动一些，便会对增强自律能力产生积极作用。

斯坦福大学的哈尔·厄斯纳-赫什菲尔德及其团队曾利用功能性磁共振成像技术研究人们在想象未来的自己时，大脑会发生何种变化。实验过程中，被试者们需要对现在的自己和10年后的自己进行描述，随后再对其他人进行描述。结果发现，人们在描述10年后的自己时，大脑被激活的神经模式与其在描述他人时的情况非常接近。

换句话说，人们对于未来的自己是存在着情感疏离的。我们似乎并不太关心未来的自己，所以也就不会为了"他们"的利益最大化采取相应行动。

许多自律失败的例子都可以用"对未来的自己产生了意识割裂"来解释。举例来说，对于自己的未来漠不关心的人不会为了强化退休保障来提高日常储蓄。这同样解释了为什么有些人明明知道吃太多垃圾食品会导致疾病或是其他健康问题，却仍然放任自流。至于那些自毁声誉的行为或是丧心病狂的决定就更不难理解了。因为道德观念对于不在乎前景的人来说并不是什么大不了的事。

以上这些都表明了，把未来的自己视作陌生人其实是一件非常不利的事情。需要强调的是，在前述实验中那些对未来的自己表现出的陌生感越强的被试者，在另一项关于财务决策的研究（即时获取一定奖金或是等待一段时间后获取更多的奖金）中表现出的短视也越明显。也即是说，"将未来的自己视同陌路"与"无法做到延迟满足"之间存在着相关性。

延迟满足能力的缺乏会给对个人的未来规划和自律行为制造极大困难。毕竟对于大多数人来说，活在当下比筹谋未来要重要得多。那么有没有办法可以弥合我们对于未来的自己产生的意识割裂呢？

　　如何引导人们将目光放得更加长远，曾经是让心理学家们十分头疼的一个课题。不过研究人员们还是发现了一些改良的办法，也即设法将自己未来的模样、状态和目标具象化，这样便可以和未来的自己之间建立起一个直观的联结，从而促使人们更多地为自己的未来做打算。

　　组织前述功能性磁共振成像技术研究的厄斯纳-赫什菲尔德博士开展了另一项旨在提升个人延迟满足能力的实验。厄斯纳-赫什菲尔德博士首先为每位被试者拍摄了照片，并利用计算机软件制作出每个人的电子影像。实验开始后，他让一半的被试者观看自己当前模样的电子影像，而另一半被试者观看的则是自己老去以后皮包骨头、眼袋突出、白发苍苍的模样。随后，被试者们则跟随着自己的电子影像进入一个虚拟世界中，经过一番探索后，最终来到一个镜子前面，而根据组别的不同，镜子会分别反映出被试者们现在或是老去后的模样。在经历了这场虚拟现实的体验后，被试者们便进入答题环节，选择如何将1000美元在下列四个项目中进行配置——为某个特别的人购买礼物、投资退休基金、策划一次娱乐活动，或是将钱存入银行。结果显示，那些看到自己老去模样的被试者选择投入养老基金的金额差不多是其他被试者的两倍之多。

作为实验的控制环节，研究人员同样也测试了人们在看到其他人老去模样时将做何反应。结果未见异常，也即被试者们只有在看到自己老去模样的时候才会更加偏好长期选项。换言之，如果能够将未来的自己具象化，那么"他"对于自己来说便不再那么陌生。这种具象化的手法会促使人们更加愿意为了自己的今后着想并采取行动。

如果你也想和该实验中的部分被试者一样看到自己老去后的样子，那么可以上网搜索"面部老化模拟（facial aging）"相关的手机应用或是电脑软件，则会出现许多免费的工具。它们也许会让你更加关心自己的未来，从而对锻炼延迟满足和自律能力有所帮助。当然，这并不是一个必选项。

上述研究结果的另一个更为实际的运用则在于，我们应当经常思考自己目前的所作所为将会给未来的自己带来怎样的影响。举例来说，假设我们已经产生了拖延工作的想法，在放弃治疗之前，我们可以先试想一下如果放任自己的懒惰而无法完成眼前的工作，可能会令未来的自己失去某些社交和娱乐放松的机会。像这样试着与未来的自己"换位思考"，并构思出尽可能多的细节，尤其是各种不利影响，然后再认真权衡一下放弃自律的成本收益比究竟如何吧。

当我们懒得做某事时，丢下一句"等会儿再做"是最简单的办法，但如果我们仍然选择去做，那么我们的自律能力便会得到提升。有的时候，正确的决定是一目了然的，而且往往更易于选择。

三、10-10-10 法则

无论我们对未来的畅想多么美妙，也无论我们多么善于延迟满足，都无法避免遭遇各种影响自律的诱惑或冲动。如果仅仅是在与朋友聚餐时稍微放松一下对饮食的控制，可能并没有什么大不了的。但如果因丧失自律而使得自己一度戒除的陋习死灰复燃，那又该如何是好呢？所以我们需要利用一些实用的辅助工具帮助我们保持自律。"10-10-10 法则"由此应运而生。

今后，当我们感到自己快要被冲动和诱惑打败时，先设法冷静一下，然后自我设问：10 分钟、10 小时和 10 天后，自己的感觉会发生怎样的变化？这就是"10-10-10 法则"，它看上去并不是什么强力手段，但却有立竿见影的效果，因为它会迫使我们思考未来的自己，以及现在的行动对未来会有何影响——无论有利还是有害。很多情况下，我们明知自己已经丧失了自律，或是正在从事有害的活动，但这种意识并不足以阻止当前的行为，因为我们尚未意识到自己的所作所为将会如何影响到未来的自己。而"10-10-10 法则"恰恰能够帮助我们与未来的自己建立起联结，便于我们进一步研判保持自律和放任自流所带来的不同影响。

至于为何要将时间间隔设为 10 分钟、10 小时和 10 天，主要是为了帮助人们认识到，相对于丧失自律而造成后果的长期性来说，放任诱惑和冲动所获得快感的持续时间是多么地转瞬即逝。在放弃自律后的 10 分钟时间内，我们可能会一直感觉良好，顶多在潜意识里有那么一丝丝愧疚。但 10 小时后，惭愧和悔意便会在脑海里占据上风了。到了 10 天后，我们可能会进一步意识到当初的一时放纵已经给自己的长远目标造成了破坏，从而陷入深深的懊恼中无法自拔。

另一方面，通过运用"10-10-10 法则"，如果我们预见的是自己在自律方面偶尔开个小差并不会给 10 天后的自己带来多少影响，那么倒是可以考虑让自己稍微放松一下。

举例来说，当我们正在纠结是否要翘掉一节健身课去跟同事们聚餐时，"10-10-10 法则"便可以用来辅助决策。一种情况是，如果我们的健身计划才刚刚起步，尚未培养成长期的习惯，那么在这种情况下翘掉一节健身课，很可能会进一步增加今后继续翘课的概率，甚至会导致我们的健身事业以失败而告终。

试想一下自己在与同事大快朵颐的 10 分钟、10 小时和 10 天以后分别会有怎样的感觉？ 10 分钟——嘴里还残留着千层面或冰激凌的香味，因此虽然有那么一丝丝悔意，但总体感觉不错。10 小时 —— 舌尖的快感早已消退，同时因意识到节食计划的失败而充满悔意。10 天后 —— 彻底认清自律一旦被打破便会变得毫无意义，于是大脑完全被各种悔恨所占据。

再来看另一种情况。如果我们已经将健身培养成了一种长期的习惯乃至乐趣，那么临时翘一次健身课会对 10 天后的自己产生何种影响呢？稍加思索便可知，一般来说并不会对我们的长期自律和目标造成太大伤害。

如果你对"10-10-10 法则"的效果存疑，或者干扰你意志力的因素特别错综复杂，那么你可以再增加一个终极提问，也即一旦在某件事情上打破自律，会对 10 周或是更长时间段后的自己造成何种影响？也就是说，当你大多数时间都在从事长期决策或任务时，便可以将"10-10-10 法则"的参数调整到 10 周以上。

很显然，在运用"10-10-10 法则"的过程中，我们需要实事求是，避免给自己找任何辩解或借口。例如，我们可能不止一次尝试过戒除某种嗜好，但最终都归于失败，反而让恶习更加强化了。如果我们曾有过因放松自律而导致恶习复萌的黑历史，那么在评估不自律的行为在 10 天或 10 周后的影响时，我们应当实事求是地做出"任何一次放松自律都会导致长期目标的失败"这一结论，因为"10-10-10 法则"评估的是状况改善或恶化的可能性，不能以任何个例来作为豁免的理由。

如果无法做到实事求是，无法看穿并剔除个人的主观开脱和借口，那么"10-10-10 法则"是难以发挥真正效用的。

总而言之，培养延迟满足的能力与强化自律这两者是相辅相成的。如果能够将未来的自己具象为更加生动的模样，那么当人们面对诱惑时，选择延迟满足的可能性就越高，因此我们都应不断探索与未来的自己建立起更加稳固的联结。我们可以试着在开启一顿美餐时，将最好的菜肴留到最后，让不久后的自己能够尽情享受压轴时刻的珍馐。而当延迟满足的选择令人纠结时，我们可以先给自己喊个暂停，然后运用"10-10-10 法则"做出最明智的决定 —— 比如说，将最好吃的放在最后。

画重点

- "延迟满足"的概念由来已久，形象地说，就是"把最好吃的放在最后"的意思。大量研究发现，这一能力与个人在生活中各种方面的表现都呈现出高度相关性。挖掘延迟满足能力的另一个办法就是积极主动地为未来的自己多做筹谋 —— 现在的付出是为了获得未来更大的回报。最后，我们可以利用"10-10-10 法则"来对未来的自己做一管窥：如果选择了放松自律，10 分钟、10 小时和 10 天以后，自己的心理状态将会如何，又会受到怎样的影响呢？

自律，一种可以养成的习惯

The Science of Self-Discipline

第九章　速来，教你怎样抵制诱惑

自律绝非易事。最理想的自律状态就像是长期穿着潮湿的袜子。我们当然知道这样子不太舒服，但是由于我们早已对此习以为常，所以只要这种不适感没有继续加重，那么我们并不会介意一整天都这么穿下来。

　　不过有些时候，想要保持自律实在是难上加难，直教人心力交瘁，在崩溃的边缘自我抓狂。幸运的是，本章将会指导你通过回答一系列问题来让自己的状态重回正轨。这些问题旨在让我们能够重新聚焦于自己的目标和追求，也即激励我们保持自律的种种初心。这些富有启发性的问题还将引导我们对自己选择坚持或放弃自律的真正原因做出更加明确的判断，可以说是很有帮助了。

　　如果我们能够认真严肃地向自己提出下列四个问题，并做出实事求是的回答，那么便能对经常为自己开脱和寻找借口的不良习惯有更加深刻的了解，同时也会为自己培养良好习惯和过上自律的生活做好更加充分的准备。

一、问题 1

我们需要问自己的第一个问题是最为单刀直入的，而它也会迫使我们以一个严肃或是积极的态度来为自己做出选边站队。

问题 1：我是否真的想要成为一个自律的人？

对于这个问题的回答不能有任何的模棱两可 —— 只能简单地回答"是"或"否"。如果不想坚持了，那就必须回答"否"。没有什么"例外""如果""并且"或"但是"，只有"想要自律"或是"不想"，没有中庸之道。如果选择了自律，那就必须为了实现这一目标而去承担一些自己并不喜欢做的事情。因此每当我们陷入纠结与迷茫时，都应当通过回答这一问题来给自己一个明确的定位。

　　当然了，现实生活并不是非黑即白的。偶尔一次的放松自律并不意味着我们从此就变成了缺乏自律的人，毕竟人非圣贤，孰能无过。不过如果我们将每一次抉择或行动都当作非黑即白的是非题，那么一旦做出肯定的选择，我们便会获得强烈的驱动力来确保成功，因为谁都不希望自己被视作一个缺乏自律的人。由于这一问题并没有灰色地带，所以任何其他的选项都会被视为自律失败。我们必须考虑清楚自己是否愿意被这样定性，否则就必须克服当前的困难和不适，继续保持自律。

　　显然，对于这一问题，我们一定希望自己能够回答"是"。而一旦我们给出了肯定的回答，就不能给自己任何破坏自律的机会，于是就必须一以贯之，坚持做出正确的决定。

　　想象一下我们在工作的时候突然产生了倦意，很想停下来让自己休闲一下。那么纠结于这个想法的时间越长，就越可能会为自己的懒惰找到借口。一旦此刻我们放任了自己，那么我们的意识便会迅速编织出诸如"稍微拖延一下也没有什么不对""要劳逸结合""老板还没来催呢"等各种理由。不过如果此时让自己做出非黑即白的选择，那么我们就会意识到其中一个选项代表着自律，而另一个则不是。我们当然不希望被自己看成一个不自律的人，于是便会将那些惰怠的念头消灭在萌芽状态，然后振作精神重新投入工作。

回答这道是非题的关键在于不要自欺欺人和为自己的不自律行为开脱。一旦选择了放下工作，就明确宣告了自己是一个不自律的人。这也就是为什么这一道简单的问题可以赋予我们坚持自律的动力，当然其中的一部分动力也来自思考问题（的否定选项）时产生的羞愧感。

二、问题 2

当我们的自律意志动摇时，还需要询问自己第二个问题，它将有助于我们戒除经常给自己寻找借口的坏习惯。越是聪明的人，越是善于自欺欺人。因此，我们有必要对破坏自律的真实动机做更加深入的了解。

问题 2：我正在做正确的事吗，还是仅仅在做容易的事？

做正确的事一般都意味着困难重重，因为正确的事往往就是困难的事。如果有的选的话，一般人不大可能去挑战困难的事，这也就是为什么许多人的雄心壮志最终都会因缺乏自律而无疾而终。人们通常都会自觉或不自觉地选择阻力最小的道路。如果我们不想成为其中一员的话，那么就需要准确地回答究竟自己有没有在做正确的事。

如果我们无法充满底气地回答说自己就是在做正确的事，那么就不得不去思考我们为自己目前的所作所为都找了哪些借口。

这是非常重要的一个步骤，因为只要我们继续为自己的种种托词和借口埋单，那么什么构建自律也好、实现目标也好，都只能是痴人说梦。只要我们并没有朝着理想的目标前进，那么无论怎样巧舌如簧，都不过是在给自己找借口，这简直是一定的。

我们也许都曾有过这样的经历——受邀参加某个自己并不太喜欢的社交活动。在这种情况下，有时候我们常常需要绞尽脑汁地编造出一个可以让自己脱身，而又不会冒犯到邀请者的借口。这样做是因为我们认为这种方式相较于直截了当地告知对方"我不想去"来说要更加礼貌和委婉。然而很多时候我们并未意识到，其实我们也会为了贪图享乐而对自己编造借口。事实上更可取的做法是，试着以诚实和坦然的态度来看待自己的所作所为。

与其用"外面太热"或"天色已晚"等借口来为自己不去参加跑步训练开脱，倒不如直截了当地说："我不去跑步了，因为我是一个又软弱又懒散，根本无法做到自律的人。"

事实上，为什么我们不想去跑步训练呢？答案是自己太懒了。所以虽然明知跑步才是正确的选择，而我们却因为偷懒而放弃了。我们要回答的第二个问题和第一个问题一样，都是没有回旋余地的，只有这样才能让我们真正看清自己最喜欢使用哪些借口。在这一问题的帮助下，我们会变得无比坦诚和更加直面自己，进而在行动上产生相应的改变。

对于这一问题，我们应当总是回答"我正在做正确的事"，这通常意味着我们还需要多花一些功夫。不过只要能够持之以恒，那么我们所付出的一切，最终一定都会值回票价。

举例来说，学生们可能会发现，随堂测验的时候往往有很多作弊机会。在确定不会被抓现行的前提下，一般的学生都不会错过这些机会，而是充分享受不劳而获的快感。不过接下来到了期末考试的时间，整个考场环境突然变得监控森严，作弊的风险极大，甚至已经不再可行。那么只有在此前测验中拒绝作弊，凭借自己的真实水平应试的学生们才会在一个学期结束后收获真才实学和理想的成绩，而那些一整个学期都蒙混过关的作弊者在面对期末试卷时则会一脸木然。

其实"追求自己的目标"与"在期末考试中取得好成绩"这二者间并没有什么本质的区别。当然，在为理想而奋斗的过程中，你的投机取巧可能会一时得逞，但是出来混总是要还的，到了那个时候，你就会发现小丑竟是你自己了。

选择去做正确的事情，可能在短期内会让你觉得非常艰难，但只要持之以恒，最终我们会发现这才是实现成功的最有效率的一条路径。

三、问题 3

自律离不开目标和抱负，否则便会沦为毫无意义的受虐。因此，人们在自律上的松懈往往是由于对自己的目标失去了方向。此时便需要第三个问题登场了。它将会帮助我们厘清自己努力奋斗的目标和让自己忍受各种不适的原因究竟为何。

问题 3：现在我所吃的苦，今后会带来怎样的甜头呢？

从根本上来说，我们都是在用当下的自律和坚忍来积累兑换成功的筹码。也就是说，可以将自律行为比作冷盘，而成功的收获便是正餐。如果我们忘了自己一直期待的主菜究竟是什么，那么便很容易在冷盘阶段开始打退堂鼓。

如果我们在保持自律的同时却看不清长远的目标和回报，那么自律便是难以维持的，因为这样会让我们觉得自己好像是在经历一些毫无意义的折磨。如果对自己奋斗的目标缺乏清晰的认识，那么还不如消停一些该干吗干吗去吧。

一般来说，人们之所以会对目标失去方向，主要可能出于两种原因。

一种原因是我们忘记了。对此我们有必要在周遭醒目或者顺手的位置设置一些提示信息以便让自己始终记得自己坚持自律究竟是为了什么。利用照片、闹钟或是其他形式的线索等，来让自己的长远目标变得尽可能具象化。

另一种原因则是既定目标本身并不具有激励性，也未能与其他有力的激励因素挂钩。如果我们预期的回报并不足以体现自己所付出的自律和坚忍的价值，那么想要让人坚持下来确实会有些困难。也就是说，作为一个理想的奋斗目标，除了本身要足够明确外，还要能够激励当事人每天都为之思考和倾心。而对我们来说，也应当从更宏观的视角来预判自己的奋斗目标将会让自己取得哪些提升，以及获得何种助益。

健美运动员们都是切实践行"先苦后甜"的生动例子。在健美比赛之前的数月间，他们都必须严格遵守健康的饮食计划，并始终坚持日常的健身锻炼。到了比赛前一周，他们更是要注意少食多餐，并进一步加强训练。这一整个备赛过程无论从生理上、精神上还是情感上来说都是极为煎熬的。

然而，这些健美达人还是年复一年地坚持了下来，因为他们相信一分耕耘一分收获。他们觉得所有的付出都是值得的，因为他们健硕的体格可能会为自己的生活带来重要的改变和收获：他们有机会通过吸引赞助来获取百万收入，有机会在健美比赛中折桂，有机会登上该运动领域的巅峰，有机会成为一个传奇……相比这些潜在的回报来说，他们所遭受的磨炼是非常值得的，而他们也会通过不断强化目标导向而让自己在日常生活中始终保持自律。

那么我们同样也可以问问自己，自己一直以来的坚持和隐忍究竟是为了什么？当然，我们对于自己的自律要求可能不会像健美运动员那样严格，但我们同样需要注意保持目标明晰且令人鼓舞。我们对于自律的要求越高，那么预期的回报也理应越丰厚。无论对于目标的抱负有多么远大，都不要忘了在日常生活中随时提醒自己究竟为何而战，这样才能有利于深刻理解自律的必要性，并为之不懈努力。

四、问题 4

你有没有过这样的经历：在还没有弄清状况前就单凭一时的冲动草率行事？可能大多数人对此都有同感，这就是为什么我们需要第四个问题来帮助我们预防自律失效。如果我们可以完成最困难的一项任务——剖析自己的思维，那么我们就能够有效地克制冲动并保持自律。

问题 4：我现在神志清醒吗？

每个人都会偶尔出现头脑发热的情况，这并不是什么糟糕的事情。不过我们知道，注意力分散和冲动都是自律的大敌。许多研究都显示，在商店购物时心不在焉的消费者们比一般人更加容易接受试吃邀请继而冲动消费。为什么这些人无法保持自律呢？因为大脑在心猿意马的时候无法做出理性的思考，结果就是在这种情况下难以做出正确的选择。

自我意识是构建或破坏自律的重要因素。如果我们的神志一直处于游离状态，那么很可能在不知不觉间便丧失了自律，等到回过神来便为时已晚。不仅如此，这种状态还会导致我们在思考问题 3 时难以做到全面和深入，进而得出无效的答案。因此，我们必须通过减轻压力、消除恐惧和释放焦虑等做法，尽可能地纾解各种负能量，从而在日常生活中让自己能够聚焦当下，保持一颗清醒的头脑。

要说有什么办法能够有助于保持神志清醒，冥想活动显然是可行方案之一。事实上，无论是艺术创作、聆听音乐还是参加体育比赛，任何能够帮助我们聚精会神的方法都是可取的。任何有助于强化自我意识的做法最终都会有利于提升自律能力。

显而易见的是，只要记得时常让自己思考以上四个问题，就能够从一定程度上强化自我意识。而对于问题4，如果我们能够实事求是地做出肯定的回答，那么就意味着自己不会在各种诱惑面前轻易屈服或是放任自流。

举例来说，假设某人曾一度沉迷色情，目前正在积极戒除这一嗜好，但有次他偶然在社交媒体上看到一张辣妹照片，不禁又勾起了他的"性趣"。在这种情况下，保持神志清醒意味着一旦当事人发现自己对这张照片产生了反应，他就应该意识到如果对这种反应放任不管，那么想要保持自律就会越来越难。此时一颗清醒的大脑会立刻给自己下令喊停，而不是放任自己继续开着社交媒体，不断刷新更多的惹火照片，让自己的欲火越烧越旺。保持神志清醒并不意味着总是能够在第一时间解决问题，但至少能够尽可能早地阻止事态的进一步恶化，绝不至于放任自己在社交媒体上无脑地刷满一个小时，回过头再惊呼"时间都去哪儿了"。

人类的大脑在绝大多数时间内都是倾向于寻求快感的，而只有不断地强化自我意识，才能够有效分辨不良行为并避免自己误入歧途。

本章所重点介绍的四个问题中，任何一个都能对我们保持自律起到充分的帮助。事实上，从选择阅读本书的那一刻起，我们便表明了希望成为一名自律者的态度，那么作为一个理想的开端，首先便自我评估一下自己的言行举止是否能够体现出自律吧。接下来需要回答的问题是——我们正在做正确的事，还是在投机取巧？它会迫使我们勇敢直面自己一直以来善于自我开脱和寻找借口的倾向。然后，我们还需要时刻提醒自己目标以及动机分别是什么，从而深刻认识到自律的重要性。最后，所有的一切都必须统一于自我意识，在保持自律和奋进的过程中切记要专心致志并保持头脑清醒。

以上四个问题，要时常扪心自问，并诚实作答。而我们的自律能力也将会伴随着这一过程而锻炼得越发强大。

画重点

- 在面临诱惑、干扰或是冲动时，我们应该立刻向自己提出四个广泛适用且充满启发性的问题，即"我是否是一个自律的人?""我正在做的是正确的事，还是容易做的事?""我所预期的回报是什么?""我现在头脑清醒吗?"。

心态能够对个人的人生观和世界观产生重大的影响，进而决定了自律能力的大小。大量的科学研究证实了积极的行为方式能够对强化激励和自律，以及生活中的其他方方面面发挥极大的助益。

本章将会深入探讨如何让自己以更加积极乐观的态度改善自己的行为方式，以及这种做法可望带来的预期收益。

一、预设进度效应

著名的"预设进度效应"是一个能够快速构建自律心态的方法。该效应的含义是，人们会基于目前已经获得的资源和条件来考虑问题。举例来说，我们可能都玩过那种通关后会给予玩家代币或者积分奖励的游戏机，那么如果在游戏开始前便给予玩家一定数量的代币或积分，那么该玩家很可能会更加投入于游戏之中。

一般而言，人们在意识到自己接手的工作并非从零开始，甚至已经接近尾声时，便会更加卖力以期早日完成。因此，如果我们能够在追求某一目标时，人为地预设一定的初始"进度"，那么将会有助于我们更加积极地完成"剩余部分"的工作。

约瑟夫·C.努涅斯和泽维尔·德瑞泽两位研究者巧妙地利用洗车公司的会员卡制度，对上述效应进行了验证。他们向洗车公司的客户发放了两种形式的会员卡，一种是每次消费可获得1个积分，集满8个积分便可兑换一次免费洗车；另一种则是需要集满10个积分才能兑换洗车，不过随卡一并附赠了2个积分。所以无论客户收到的是哪种会员卡，他们需要积攒的积分数量都是一致的，然而事实证明那些自带了2个积分"预设进度"的会员卡产生了惊人的效果。在卡片发放完成的9个月之后，那些附赠了2个免费积分的会员卡的持有者中 34% 的人都完成了兑换洗车，而在另一组客户中，完成兑换的比例只有 19%。

"预设进度"的作用机制是通过营造一种"已经完成了部分进度"的心理暗示，从而从感官上减少既定目标的可见工作量。因此，人们会更加愿意付出努力来完成剩余的任务。这里所谓的"预设"或者说"赋予"的"进度"与当事人实际完成的进度无论在性质还是效果上都有所不同。比方说同样是需要积攒 10 个积分，那些实打实洗了三次车从而获得了 3 个积分的客户，与同样拥有 3 个积分，但其中 2 个是免费获得的客户在消费体验上应当是有所差距的。

上述例子所展示的是利用"预设进度效应"这一技术手段开展广告宣传的一种应用场景，从中获取的宝贵经验亦可用于指导有关自律能力培养的具体实践。

在追求某个既定目标之前，如果能够预想出一些业已获得的进度或者优势，那么便会大大提高我们坚持自律、不懈奋斗的可能性。而这里所谓的"进度"应当是可量化和可视化的，这样便有助于让人产生"原来已经完成了这么多"的感觉。如果我们在向某个目标进发之前已经做了许多初始投资（譬如时间、精力、资源等），那么可想而知，我们会为了避免这些初始投入付诸东流而变得更有动力坚持完成任务。

所以我们需要做的就是，仔细想想如何才能将目前已经完成的一些进度予以量化，即使在工作上没有什么实质性的进展也没有关系，我们自身的某些比较出众的特点、能力和优势等都可以计算在内。

举例来说，假设我们的目标是学习吉他。可能在此之前，我们对这种乐器连摸都没有摸过，但这并不表示我们的学习进度为零。可能我们此前学过其他乐器或玩过《吉他英雄》的电子游戏，并练就了灵活的双手；可能我们会识谱；可能我们已经物色好了吉他老师的人选，甚至找到了一位朋友愿意借给我们吉他，省得我们再花钱购买；抑或我们早些年学过几个月的尤克里里……所有这些条件都会帮助我们节省必要的学习时间和精力，让我们觉得自己并非从零起步，从而获得更大的学习动力。记住，要让自己从 20% 而非 0%

的进度开始学起，这将会给我们的学习体验带来非常显著的
改观。

二、目标趋近效应

"目标趋近效应"是一个与"预设进度效应"类似的概念，具体是指当人们越是接近目标，则越会付出更多努力以实现它。

这一假说最早是由心理学家克拉克·霍尔于20世纪30年代提出的。霍尔在一次实验中将一些小白鼠放进迷宫中随机活动，随后他观察到，小白鼠们在离食物越近时，奔跑速度越快。10年后，一位名叫贾德森·布朗的研究者对以上实验做了改良，他给小白鼠们套上了牵绳，然后再测量它们从不同距离出发奔向食物时对牵绳施加的拉伸力度。布朗发现，小白鼠们与食物离得越近，便会越发使劲拉拽牵绳。这一观察结果与霍尔在迷宫实验中得出的结论是一致的。

对于这一问题，人类与小白鼠的大脑反应并无本质差异。如果人们觉得自己并没有在既定目标上取得任何进展，那么便会越发觉得该目标难以实现，或是根本就不值得白费工夫。同样，如果能够及时干预并人为制造一些进度，那就无异于给当事人打上了一针强心剂。其原理在于，人为的进度会拉近当事人与目标之间的距离感，从而激励当事人继续完成目标。

一般情况下，马拉松运动员在跑至最后一公里时会比之前明显提速，这可以被视为"目标趋近效应"的一个很好的诠释。理论上说，马拉松运动员在比赛的最后阶段应该最为疲劳且跑得最慢才对，然而他们却能够在冲刺路段实现持续加速，这很大程度上是因为他们知道终点就在前方不远。也就是说，只要发现胜利在望（无论是实质上还是感官上），那么人们便会更加愿意进入全力冲刺的状态。

如果将"目标趋近效应"与"预设进度效应"二者结合起来，可以得出的启示是，我们应当密切关注工作的开展情况，对于每一次的阶段性成绩，无论巨细都应了然于心，常常回顾当前所取得的各项进展，并提醒自己离目标完成已经非常接近了。

三、考虑自身行为的利他性

大多数人都乐见自己的行为能够给他人带来帮助和福利。因此，试着考虑一下自己的行为将会如何影响到周围的人，也会成为激励自己保持自律并向善而行的有力途径。

宾夕法尼亚大学沃顿商学院的心理学家亚当·格兰特通过实验发现，考虑自身行为对他人的影响，有时候甚至比单纯考虑个人因素更能够激发起当事人的积极性。格兰特了解到，医院在试图劝导医护人员们养成勤洗手的习惯时，通常的做法是提醒医护人员如果在接触病人后不经常洗手的话，很可能会提高自身染病的风险。然而这种警告的实际效果并不理想。

事实上，虽然医护人员们普遍了解勤洗手的重要性，但在实际操作中，他们在接触了传染病人后洗手的概率只有三分之一到二分之一左右。造成这一现象的原因可以归结为所谓"安全错觉"的一种心理学现象，在这种错觉下，人们会盲目轻信自己不会被传染上疾病。

在发现那些提醒医生护士们为了自身健康而勤于洗手的警示作用不大后，格兰特设计了一次实验。他制作了两种意义相对的警示牌——一种写着"勤洗手，让自己更安全"，另一种写着"勤洗手，让病人更安全"。这两种警示牌被安放在医院的不同角落，格兰特则暗中观测医生和护士们看到警示牌后的洗手频率——甚至还进一步统计了肥皂和消毒凝胶的使用量。

实验结果发现，医护人员们在看到"为了病人安全而洗手"的警示牌后的洗手频率相比看到另一块强调自身安全的警示牌后的洗手频率足足高了 10%，且肥皂和消毒凝胶的用量也提升了 33%。

综上，格兰特的实验除了反映出医护人员的医风医德之外，还可以给我们带来怎样的启示呢？

我们应当把自身行为对他人的影响作为一个核心问题来仔细权衡，这种权衡既是一种有力的激励因素，又能够让我们对不良行为感到羞愧，从而及时加以改正。在前面章节中，我们曾讨论过社交环境对于培养自律和生活习惯的重要性，而这里我们所提及的，则是周围人对我们自身行为产生影响的另一种途径。

举例来说，我们曾援引健身活动来作为构建自律的一个案例，并指出寻找一位健身搭档将会有助于培养自己的责任心。不过为什么健身搭档可以起到帮助呢？不正是因为我们不想让对方失望吗？而根据格兰特的研究，我们还可以进一步思考自己应该如何帮助搭档塑造身材和改变人生，这也是对自己的一种巨大的激励。当我们疲惫不堪的时候，仅仅拿"要对自己负责"来激励自己往往是不够的，那么再想想自己的懒惰将会给他人带来怎样的不利影响吧，这样做没准会更有效果。另一方面，想象一下自己全力以赴的状态将会如何激励和鼓舞到他人吧，这样将会让我们在奋斗的路上时刻保持坚韧不拔。

四、保持乐观

乐观而实际，是一种非常有利于培养自律的生活方式，一言以蔽之就是抱最好的期望，做最坏的打算。

试着让自己始终保持乐观的心态，总是从积极的角度出发来看待万事万物。成长的道路上难免遭遇各种挫折，而乐观的心态是帮助我们做好挫折管理和情绪管理的利器。保持乐观能让我们从容地应对失败，尽快走出失败的阴影，并从中汲取继续前进的力量，早日破茧成蝶。所有这些对于培养自律都是大有裨益的。

培养乐观心态的过程其实也是一个自我和解的过程。

让我们用一颗充满阳光的心来对待世界，把所有的负能量和各种纷纷扰扰统统抛在脑后吧。当然，培养乐观的心态需要花费很多时间和精力。谁都希望自己只要说一句"我想要变得乐观"然后便立刻得偿所愿——然而并不会这样。培养乐观心态最简单的办法就是在日常生活中注意自我感受和保持自律，无论在思想上还是行动上都需如此。

当我们慢慢培养起一种乐观的生活方式后，便会发现自己正在与充满负能量和破坏性的人和事物渐行渐远，同时我们还能够从稀松平常的事物中看到希望和蕴含的力量。问题来临时，我们不再感到困扰，而是胸有成竹、信心满满地迎接挑战。

当乐观的心态培养到一定境界时，可能会出现一个非常重要的标志性事件，那就是许多积极向上的人物会主动前来结识我们，而他们反过来也会促使我们更上一层楼。庸者只知整日虚度年华，我们则应始终保持努力与精进，让自己不断地获得全面提升。

那么，乐观主义对于培养自律又有何帮助呢？

假设有这么一位刚刚经历了失恋、既可怜又无助的女孩。如果她是悲观主义者，那么此时要么就是哀叹"再也不相信爱情了"，要么就是为这段关系中的一些错误而陷入深深的自责和悔恨中。她至少需要花费好几个月来治疗情伤，对他人的戒心也会进一步加重。而另一方面，如果她是乐观主义者，则会将失恋作为一次成长的机会，仔细检视自己所扮演的角色，并准备好与下一个他热情相拥。在悲观主义者舔舐伤口的数月甚至数年间，乐观主义者早已学会成长并为自己翻开新的一页——人生的旅途中她始终积极向上、充满阳光。

我们都会经历各种困难，此时只有乐观的心态才能够帮助我们保持自律并积极应对，悲观者则会迷失自己的目标和方向。

五、尽人事听天命

我们身边的很多事情都是不可控的，所以只有把注意力集中在可控的事情上——自身的努力——才能让自己的心态变得更加健康。无论我们多么苦心孤诣，结果总是会受到外部条件的影响。

如果我们总是强调结果并且还赌上了自己的尊严，那么很可能变得保守不前，并让自己暴露于风险中。事实上，如果我们害怕失败，那么可能从一开始便会有所保留，这样就不必让自己面临全力以赴（却可能一无所获）的境地。然而这样的心态和做法显然是难以成事的。反之，如果将成就感建立在自己的努力拼搏上，那么我们就能充分地享受奋斗的过程而非结果。

当然，这绝不表示我们就不必设定任何目标了，而是意味着需要对目标进行微妙的变换。不要将目标与不可控的结果直接挂钩，而应设定为在现有条件下付出最大的努力，这样我们便能够加以控制并从中获得成就感。

每当我们在生活中陷入困境或泥沼时，试着问问自己，究竟是要执着于事情的结果和别人的看法，还是投入追求目标的过程中，让自己活在当下。如果我们对自己的奋斗之路乐在其中，自然能够尽情释放出所有的天赋和才能，往往会带来超出预期的理想结果。

跌跌撞撞未见得必然失败，机关算尽也未见得注定成功。因此，很重要的一点就是不要总是以成败论英雄，否则容易导致错误的手段被持续强化。无论具体个案的最终结果如何，我们都可以从整个过程中总结一些好的做法，这样才能够让自己学得更多、提升得更快。

举例来说，假设你想去意大利旅游，而在这之前打算花3个月的时间学习基础意大利语。如果能够雷打不动地每天学习15分钟（虽然时间不算太长），那么将会是一个很棒的自律实践。3个月过后，当你踏上意大利的国土，你可能会失望地发现，本地人的语速实在太快，完全听不懂。然而这一结果并不影响到你曾坚持不懈努力学习的事实，而且至少你的意大利语要比普通的外国游客好得多呢。

综上所述，我们应该更加关注于可控的因素。对于事物的结果，大多数情况下都是人算不如天算的，但我们至少可以掌控自己努力的过程，让我们每一次的奋斗都全力以赴、不留遗憾。

画重点

- 若想保持自律，需要学习一些良好的生活方式、工作方法和攻坚手段。感知自己在某些方面业已取得的进展，是一种激励手段（预设进度效应）。将自己与最终目标的距离拉近，也是一种激励手段（目标趋近效应）。积极思考自己的行为将会如何利己与利他，还是一种激励手段。最后，始终保持乐观的心态，当然更是一种激励手段。

第十一章　习惯——自律的终极形态

关于培养自律和实现目标，你觉得养成自律的习惯和拥有足够的激励因素这两者哪个更为重要呢？

　　你可能会觉得激励因素更重要，因为无论是延迟满足还是忍受短期的不适都离不开强大的激励因素。不过事实上，对于实现目标和自身追求而言，培养和发扬良好的自律习惯远比激励因素要重要得多。原因非常简单，激励因素本质上是一种反应、一种情绪，不管再怎么强烈也好，它们都只是暂时性的，最终都是会消退的。而另一方面，习惯则是可持续的，只有它才能够让自律能力经久不衰。

一、稍纵即逝的激励因素

比起引导人们培养良好的习惯而言，直接鼓动人们行动起来显然是更加酷炫的做法。然而激励因素是一种短暂的意识状态，习惯才是根深蒂固的行为模式。在受到某段演讲鼓舞后挥起锄头连续干 12 个小时的农活，相比每天都扛着锄头下地作业来说，哪一个更能持久呢？

激励因素是指在追求目标的过程中展现出来的，包括激动、欲望、意愿等在内的一系列积极的情绪反应。激励因素的重要性不言而喻，本书中甚至专门为其开设了一个章节。有的时候，我们最抢眼的表现就归功于强大的激励因素。不过激励因素的一个硬伤在于它是稍纵即逝的，往往几个小时或者几天（顶多几周）的工夫便消失殆尽了。

而自律则是需要靠日常习惯来支撑的，因为人们的激励因素和情感羁绊一旦退潮，那么所有自律的行为便会恢复到它们本来的面貌——令人不适的行动。

激励因素的消退并不意味着追求某个目标的欲望也随之消散。当持续了数周的热情退去后，我们还是会想要考入医学院、想要创立自己的企业，或是克服某个不良嗜好，那么接下来该如何是好呢？毕竟仅仅是"想要"做某事并不足以让人为之付出艰苦的努力。于是我们很可能便会放松自律或是干脆彻底放弃既定目标了吧。

随着时间日复一日地流逝，所有建立在情感反应基础上的激励因素最终都会烟消云散，那种由激情催生出的精神愉悦感也会随之淡出。而与稍纵即逝的情感状态相比，自律的习惯一旦形成，便会将人们理性的思维过程落实为持久的生活方式。瘾君子们如果想要彻底摆脱陋习，就必须认真参加每一次的小组互助会、积极接受心理治疗以及按时服药。自律的作用就是帮助当事人将以上所有设想化为现实。

二、耗费时间的习惯培养

亚里士多德曾说过："年轻时候养成的好习惯将使人受益

终身。"一般认为，良好的习惯在年轻的时候更容易培养，因为年轻的大脑更具可塑性。不过习惯的改变其实并不会受到年龄的限制。

伦敦大学学院的健康心理学家菲利帕·拉利曾在《欧洲社会心理学杂志》上发表过一篇关于习惯形成时间的研究报告。该研究招募了 96 位参与者，请他们选择一个自己想要培养的习惯行为，并每日按时汇报自己做出该行为的自觉程度，观察区间为 12 周。通过分析实验数据，拉利和她的团队发现，如果每天坚持做出某一行为，那么从第一天开始直到该行为被培养成习惯，平均需要花费 66 天。

对于个体来说，培养一个新习惯的耗时取决于当前已养成的习惯行为以及个人环境。在拉利的实验中，最快的习惯养成者只花费了 18 天的时间，而最慢的则用去了 254 天。

良好的习惯对于提升自律能力至关重要，因为习惯就是人的第二本能。我们可以将良好的习惯视为坚实稳固而又发自内心的自律，它们是无须任何外力介入的潜意识和自觉反应，将会帮助我们在人生的旅途中一路顺风顺水。

　　有时候，对于诸如日常锻炼等习惯的培养，在初始阶段也是需要自律能力协助的。为了养成此类习惯，需要做好每天的规划，然后在每次完成目标后给自己一点小小的即时奖励，以便让自己再接再厉。在经过一个月（或是根据拉利实验，两个月）后，只要仍在坚持，那么我们就会发现已经不大需要动用自律能力了。

　　我们从中可以得到的启发是，习惯的培养需要花费时间，以及发挥自律的作用。不过一旦成功坚持下来，那么新养成的习惯便可以代替自律帮助我们实现目标。而我们只需为此付出两个月或者更多一些的时间而已。

　　另一方面，伴随着习惯培养过程而出现的不悦与不适感也会持续相当长的一段时间。即便在习惯养成后，我们仍可能会时不时地感到不快，不过这些偶发的负面情绪在强大习惯面前已经不值一提了。

　　想要培养良好的习惯，首先要避免自己"作死"。也即我们应当先从小的、可控的目标开始入门，而非一上来就挑战五星难度然后坐等失败。举例来说，如果我们想要瘦身的话，那么应当从每天小跑 20 分钟开始上手，而非立刻快进至高频率的健身训练，否则结局只可能是一个大大的哭脸。相比之下，20 分钟慢跑的可行性就很高，而且想要找借口退出也不太容易。

　　从小目标着手能够有效地降低任务难度，这样一来即使在激励因素消退后，想要继续坚持也不成问题。这实际上是在暗示自己的大脑，这种做法不但可行，甚至还很有趣。另一方面，入门目标一旦设定，意味着对于目标行为的预期水平也随之确立下来。当然，我们可以在培养习惯的过程中根据取得的进展不断地提升相应的难度和预期。

　　如果培养自律的初始阶段恰逢我们斗志昂扬的时刻，那么赶紧好好利用这种绝佳的状态，朝着既定目标大步跨跃吧。不过请谨记，保持自律和努力奋斗的感觉不可能一直激情澎湃，如果我们在感到不适或不快时无法继续坚持，那么之前付出的努力也就白费了。所以在充分享受高歌猛进的同时，也请注意不要对这种高亢的状态太过依赖。

在培养习惯的过程中，有的时候进展会很顺利，那么就应该乘胜追击，借着积极的势头继续挑战超额的进度；而到了情绪的低潮期，则需要动用意志力和自律能力来保障习惯培养工作的顺利开展。只要持之以恒，这种过山车一般的体验便会最终告一段落，意味着我们的新习惯已经顺利养成，并永久性地融入我们的生命中。而此前需要依靠坚韧的意志力才能完成的任务，现在已经变得如同呼吸一般轻松自然了。

三、不要妄想"躺赢"

为什么养成新习惯和破除旧习惯非常困难呢？其背后的确存在着一定的逻辑支撑。

根据《习惯的力量》一书的作者查尔斯·都希格的解释，习惯行为与大脑中负责情绪、行为举止和记忆的一块名为

"基底神经节"的区域的高度活跃有关。基底神经节与负责决策功能的前额叶皮层是相互独立的。也就是说，一旦将某种行为培养成习惯，那么大脑就无须继续调用决策功能来指挥该行为，而是直接切换到了"自动巡航"模式。

那么我们可以从这一信息中获得的主要启示是什么呢？

当我们试图改正某种不良习惯或是培养某种好习惯时，在初始阶段，我们必须主动调用决策能力来强令自己不做或者做某事，而我们的大脑此前一直按照设定好的行为模式运作，所以它会对突如其来的变化进行抵制，这一抵制过程中不免会引发一些尴尬或不适的感觉，导致我们会对新的行为模式产生抵触，甚至恐惧。

那么如何才能成功地"改编"自己的行为模式呢？最佳的策略就是对可能出现的错误采取包容态度。既然新习惯的建立需要花费一些时间，那么在培养过程中出现的磕磕碰碰就随它去吧，反正到最后，新的习惯行为终将被接入基底神经节，改良后的"自动巡航"模式会再度启动，那时一切都会回归到正确而自然的状态。

习惯的养成一般都需要一个艰难磨合的过程，吃着火锅唱着歌就把习惯培养好的情况是不多见的。

归根到底，培养习惯和自律说白了就是每天重复同样的行为，不受情绪状态干扰，雷打不动坚持 66 天以上便可大功告成。或者你还有什么妙招可以将培养自律习惯的周期缩短至 66 天甚至更短时间以内吗？

除此之外，还可考虑如何通过逐步升级的方式来将简单的行为转化为稳定的习惯。比如说，如果想要培养锻炼的习惯，那么可以先从每天绕着街区慢跑一圈开始，然后以周为频率，慢慢增加跑步距离，从一个街区扩大到两个街区，再到三个，以此类推。试着通过这种方式培养自己的习惯，也即从易到难，在能力允许的基础上每次提升一点点，只要锲而不舍，最终金石可镂。

生活中，但凡有价值的事物一般都不是唾手可得的，自律也不例外。因此，无论出于何种原因想要改正不良习惯或养成好习惯，既然下定了革新的决心，那么就做好吃苦的觉悟，勇敢地迈开第一步吧。

四、影响力六因素模型

世界级领导力大师约瑟夫·格雷尼和他的团队开发的一套模型——"影响力六因素模型"对于行为改变和习惯培养颇有帮助。该模型对影响我们改变行为习惯或提升自律能力的各类因素做了完整的诠释。这些因素在我们培养习惯和自律的过程中扮演着举足轻重的角色。

以下将对这些影响因素进行一一细分，并运用案例来阐述这些因素将在人们改变行为习惯（例如戒烟）的过程中产生怎样的影响。

（一）个人

● 个人动机——你是否为了改善健康和生活方式而考

虑戒烟? 这对你来说意味着什么,你的生活又会得到怎样的改善呢?

- 个人能力——你是否有能力克服烟瘾造成的生理和心理依赖? 你的意志力足够坚强吗? 身边的人都力挺你吗? 你有烟瘾家族史吗?

（二）社会

- 社交动机——你的朋友和家人会鼓励你戒烟并阻止你继续购买和吸烟吗? 你在考虑应该维持现状还是戒烟时是否面临着一定的社会压力?

- 社交赋能——你认不认识成功戒烟的人士,或者有办法联系上支持小组吗? 你身边的朋友都是重度瘾君子吗?

（三）环境

- 结构性动机——你是否生活在控烟的环境中,例如在室内吸烟会被罚款?

- 结构性赋能——你的日常生活环境中是否融入了鼓励戒烟的各种提示?

　　下面让我们更加深入地分析一下。第一类影响因素是"个人"，也即我们自己。该类影响力主要基于我们的个人动机和能力。"个人动机"简言之就是想做某事的强烈意愿，而"个人能力"指的则是是否具备做某事的能力。

　　我们知道动机也即激励因素是会逐渐消退的，不过它也是成功所不可或缺的。为了获得更多的激励因素，我们应当在确保既定目标与自己的价值观相吻合的基础上，想方设法让追求目标的行动尽可能变得有趣和令人愉悦。与此同时我们也应注意到，培养新习惯的过程对于个人智力、生理和情感的挑战往往比感官上判断的要困难许多。

　　举例来说，如果我们想要把自己的身材打造得更加完美，那么首先应该认真反思，自己塑身的动机究竟是希望能在某项体育运动上表现得更好，还是为了收获更多的自信与自尊。还要问问自己，我们是否知道如何开展安全有效的锻炼？在饮食健康和营养补给方面有什么需要做的吗？比较理想的情况是，我们能够对这类问题给出坦诚的回答，这就表明我们制定的目标是切合实际的。

接下来看第二类影响因素"社会"，也即我们周围的人。与基于个人的影响力类似，源自社会的影响也是由动机和能力两部分组成的。这里"社交动机"指的是我们周围的人对我们的行为会产生正面还是负面的影响，而"社交赋能"指的则是在将良好的行为培养成习惯之前，我们能够从外界获得多少支持和帮助。

理想的情况是，朋友和家人们都会通过鼓励善举和反对陋习来对我们表示支持。如果再给力一点的话，他们还会在我们培养新习惯和新技能的过程中为我们提供必要的协助、讯息以及资源等。

回到前文提到的塑身的例子，我们应当了解的是，周围的亲朋好友能不能在我们表现出色的时候给我们正向激励，又能不能在我们翘了健身课去吃垃圾食品的时候给我们当头棒喝。有没有私人教练帮助我们制定健身方案？我们的家庭是否具有健康的饮食习惯，至少要做到让垃圾食品远离我们的视线？

　　接下来便是最后一类影响因素"环境"——日常生活中的一切非人为因素。环境因素亦可被称为"结构因素"，它也可以被分为动机和能力两个子类。"结构性动机"指的是周遭环境将会在我们表现良好时给予何种鼓励，又会在我们丧失自律时给予何种惩戒。"结构性赋能"指的则是周遭环境能否为我们提供正确的指引和警示。

　　你有没有试过为自己的节食或者健身计划制定一套赏功罚过的奖惩体系？比如在健身房骑动感单车的时候奖励自己观看最喜欢的电视剧，而当自己因偷懒而错过锻炼时则惩罚自己一天不准玩手机？事实上，我们还可以通过心理暗示的方式来帮助自己达到坚持塑身的目的。比如总是把锻炼和备餐安排在同一时间，这样一来如果锻炼累了不想下厨，那么就同时达到了节食的目的。

　　人们一般都会以比较极端的观点来理解自律能力的培养——主要看有没有动机和意志力——有就行，没有就不行。然而如果不设法改善影响自律的其他因素，光靠动机和意志力是难以为继的。如果只是纸上谈兵的话，说得再怎么天花乱坠当然都可以，不过在现实生活中，能够经受住实践检验的良方可谓凤毛麟角。

我们需要认清的是，培养自律的过程有时会非常艰难，甚至会令人怀疑它的正确性，但这些都只是一时的阵痛。如果能够克服那些在自我革新之路上必经的困苦和不适，那么就一定能够成功地实现行为习惯的除旧布新。为此，首先需要设置切合实际的目标，接着在充分研判个人动机、能力以及社交圈和周遭环境的基础上，制定可行的实施方案。最后也最重要的是，勇敢地迈出第一步，然后全力以赴、久久为功，直到自律对我们来说已经变得如同呼吸般自然。

画重点

- 激励因素和自律能力都是多多益善的。不过激励因素往往是情绪化和暂时性的，而自律能力也并非用之不竭。相比之下，培养稳定的行为习惯则可以在实现同样效果的前提下，大大减轻过程中的煎熬。研究显示，习惯的养成需要花费大约 66 天时间，所以我们可以从简单的行为（微习惯）开始做起，并让自己坚持足够长的时间。能否成功地养成行为习惯，一定程度上取决于约瑟夫·格雷尼所提出的影响力六因素。

自律，一种可以养成的习惯

The Science of Self-Discipline

摘要引导

第一章　从生理学角度谈自律

有关"自律能力的生理学基础"的认知，已经不是什么新鲜事了。而这一事实意味着，自律就跟肌肉一样，可以锻炼，也可以消耗和衰竭，而后者则被称为"意志力倦怠"。了解这些信息是非常受用的，因为我们可以据此来勾勒出自己的自律蓝图——既可以提升自律能力，又可以创造条件来节约自律资源。此外我们还可以通过日常的行为和习惯来对自律能力产生积极影响。

第二章　如何将自己"一键激活"

自律的重要性不言而喻，但同样重要的是寻得合适的激励因素来代替自律。人们对于自身行为动机的判断未必符合实际，所以坦诚面对自己非常重要。不断有研究证明，物质财富的激励效果其实并不理想。相较之下，进取心、自主权、工匠心和使命感等才是更加牢靠的激励因素。亚里士多德的激励理论介绍了包括外源性和内生性因素在内的其他一些行为诱因。

第三章 海豹突击队的自律秘诀

海豹突击队队员们往往因意志力顽强而享有盛誉，而这一品质对于他们的重要性足以用"生死攸关"来形容。海豹突击队队员们能够运用若干技巧来保持惊人的行动力，其中最为著名的一项技巧被称为"40% 法则"：当觉得自己已经到达极限时，实际上只发挥出 40% 的实力。此外还有其他一些提升自律的技巧，包括能够抑制应激反应的"箱式呼吸"、制定更加激进的目标以便充分调动主观能动性，以及"10 分钟法则"等。

第四章 是什么消解了自律

一些常见的可能破坏自律的因素包括：设定过高的预期

（虚假希望综合征）、为追求完美而不断拖延（可运用 75%
法则来化解）、为消极不作为寻找辩解和借口，以及"帕金
森定律"效应（可通过设定更加激进的工作时限来化解）。

第五章　锻炼"自律的肌肉"

自律从本质上来说是一件令人不适的行为。因此，像锻
炼肌肉一样锻炼自己应对不适感的能力很有意义。应对不适
感最有效的方式之一就是练习"冲动冲浪"，其效果远比一
味抵制冲动的作用更佳。此外，我们还可以模仿蒋甲创造的
"拒绝疗法"，或是干脆为自己制造一些窘境（通常在公众场
合），从而迫使自己设法应对。

第六章　如何构建自律的环境

水能载舟、亦能覆舟。我们为自己所构建的周边环境对
于自律的培养来说，是一把杀伤力极强的双刃剑。我们需要
战略性地运用"眼不见为净"的策略来消除各种外界干扰，
降低来自多巴胺的刺激以使自己更加专注，同时还要设计一

条最为便捷省事的路径以便做出最佳的决策。

第七章　利用社交环境强化自律

　　除了周边环境之外，我们还会受到各种社会关系的影响。我们的社交圈定义了什么是可接纳的、什么是有帮助的以及什么是不利的。我们无法选择自己的家庭，但是可以选择与谁相处得更多。同时试着主动寻找人生导师和行为模范，从而不断弥补自身缺陷吧。

第八章　将最好吃的放在最后

　　"延迟满足"的概念由来已久，形象地说，就是"把最好吃的放在最后"的意思。大量研究发现，这一能力与个人在生活中各种方面的表现都呈现出高度相关性。挖掘延迟满足能力的另一个办法就是积极主动地为未来的自己多做筹谋——现在的付出是为了获得未来更大的回报。最后，我们可以利用"10-10-10 法则"来对未来的自己做一管窥：如果选择了放松自律，10 分钟、10 小时和 10 天以后，自己的心理状态将会如何，又会受到怎样的影响呢？

第九章　速来，教你怎样抵制诱惑

在面临诱惑、干扰或是冲动时，我们应该立刻向自己提出四个广泛适用且充满启发性的问题，即"我是否是一个自律的人？""我正在做的是正确的事，还是容易做的事？""我所预期的回报是什么？""我现在头脑清醒吗？"

第十章　心态和方法决定一切

若想保持自律，需要学习一些有利的生活方式、工作方法和攻坚手段。感知自己在某些方面业已取得的进展，是一种激励手段（预设进度效应）。将自己与最终目标的距离拉近，也是一种激励手段（目标趋近效应）。积极思考自己的行为将会如何利己与利他，还是一种激励手段。最后，始终保持乐观的心态，当然更是一种激励手段。

第十一章　习惯——自律的终极形态

激励因素和自律能力都是多多益善的。不过激励因素往往是情绪化和暂时性的，而自律能力也并非用之不竭。相比之下，培养稳定的行为习惯则可以在实现同样效果的前提下，大大减轻过程中的煎熬。研究显示，习惯的养成需要花费大约 66 天时间，所以我们可以从简单的行为（微习惯）开始做起，并让自己坚持足够长的时间。能否成功地养成行为习惯，一定程度上取决于约瑟夫·格雷尼所提出的影响力六因素。

图书在版编目（CIP）数据

自律，一种可以养成的习惯 /（英）彼得·霍林斯著；鲁申昊译 . -- 北京：九州出版社，2022.11（2024.4 重印）
ISBN 978-7-5225-1088-0

Ⅰ.①自… Ⅱ.①彼… ②鲁… Ⅲ.①自律—通俗读物 Ⅳ.① C933.41-49

中国版本图书馆 CIP 数据核字 (2022) 第 145504 号

Copyright © 2017 by PKCS Media, Inc..
Simplified Chinese translation rights arranged with PKCS Media, lnc. through TLL Literary Agency.

著作权合同登记号　图字 01-2022-4826

自律，一种可以养成的习惯

作　　者	［英］彼得·霍林斯 著　鲁申昊 译
责任编辑	王 佶　周 春
出版发行	九州出版社
地　　址	北京市西城区阜外大街甲 35 号（100037）
发行电话	（010）68992190/3/5/6
网　　址	www.jiuzhoupress.com
印　　刷	天津中印联印务有限公司
开　　本	889 毫米 × 1194 毫米　　32 开
印　　张	7
字　　数	93 千字
版　　次	2022 年 11 月第 1 版
印　　次	2024 年 4 月第 2 次印刷
书　　号	ISBN 978-7-5225-1088-0
定　　价	49.80 元